# LEBEN MIT
# FENG SHUI

KAROLA BERGER

# LEBEN MIT FENG SHUI

LUDWIG

# Inhalt

*Auch im Beruf bietet Feng Shui viele Möglichkeiten.*

*Jeder Mensch besitzt eine individuelle Aura.*

*Bewegungen – wie im Aquarium – verstärken das Chi.*

# Vorwort

**In China wird alten Menschen auch heute noch mehr Respekt und Ehrfurcht entgegengebracht als im Abendland. Je älter jemand ist, desto mehr Ansehen genießt er in Familie und Gesellschaft.**

Der Name »Feng Shui« prägte sich mir im Alter von etwa zehn Jahren ein, als ich ein Buch geschenkt bekam mit dem Titel »Jung Fu wird Kupferschmied«. Darin wurden das Alltagsleben und das Aufwachsen der Kinder in einer chinesischen Familie geschildert.

Das Oberhaupt der Familie war die Großmutter; sie hatte noch die Lilienfüße, das heißt, ihr waren im Kindesalter die Füße eingebunden und verkrüppelt worden. Diese Großmutter legte fest, was an welchen Tagen getan werden musste, um die Ahnen zu ehren, um die bösen Mächte fern zu halten und gute Geister ins Haus einzuladen, welche Feng-Shui-Regeln zu beachten waren und wann ein Feng-Shui-Fachmann zurate gezogen werden musste. Dieses Buch faszinierte mich, wie auch sonst alles, was ich über China von meiner Mutter und meiner Großmutter erzählt bekam.

## China zur Jahrhundertwende

Meine Großmutter war Ende des vorigen Jahrhunderts als Tochter eines deutschen Arztes in Shanghai geboren und dort in den ersten Jahren hauptsächlich von einer chinesischen Kinderfrau, der Amah, aufgezogen worden. Der Haushalt wurde von chinesischem Personal geführt – Koch, Gärtner, Pferdebursche, Wäscherin, Küchenhilfen usw. Durch sie lernte sie chinesische Rituale und Zeremonien kennen.

Mit 17 Jahren heiratete sie einen jungen deutschen Arzt, Dr. Erich Paulun, der die dortige Praxis ihres Vaters übernahm. Erich Paulun gründete zu Anfang dieses Jahrhunderts in Shanghai die »Medizinschule für Chinesen«, in der er seinen chinesischen Helfern die Grundlagen westlicher Medizin beibrachte. Aus dieser Medizinschule entstand die spätere Tongji-Universität, die laut einer Pressemeldung »das wichtigste Fenster Chinas nach Deutschland« ist.

## Die Trendwende: von Osten nach Westen

Zur Zeit meines Großvaters waren es noch fast ausschließlich christliche Missionare, insbesondere Ordensleute, die aus den westlichen Ländern nach China kamen und näheren Kontakt mit der Bevölkerung suchten. Allgemein herrschte die Meinung vor, dass man die Chinesen zum Christentum und zur westlichen Zivilisation »bekehren« müsse.

Sicher hat Erich Paulun sich nicht träumen lassen, dass sich der Trend einmal umkehren und der Westen von der östlichen, vor allem der chinesischen Denk- und Lebensweise zu lernen versuchen würde, wie dies seit den sechziger Jahren dieses Jahrhunderts vermehrt geschieht.

Dies gilt nicht nur für »Sinnsuchende« und mental Regenerationsbedürftige im quasireligiösen Bereich, sondern auch ganz speziell auf den Gebieten Medizin, Gesundheit und Ernährung: Immer mehr deutsche Ärzte studieren die »Traditionelle Chinesische Medizin« (TCM) und eröffnen dann in Deutschland eine TCM-Praxis, um ihre Patienten mit überlieferten chinesischen Heilmethoden wie Akupunktur u. Ä. zu behandeln.

## Feng Shui – die Wohnkunst des alten China

Der Chinaboom hat neben Kulturinhalten des Fernen Ostens wie dem »I Ging«, den Lehren des Konfuzius, Künsten wie Tai Chi und Kalligrafie auch Feng Shui, die Wohnkunst des alten China, erfasst. Diese wird dem Leser im vorliegenden Buch so erläutert und verständlich gemacht, dass er ihre Regeln selbst anwenden und für sich nutzbar machen kann. Sicherlich gehören auch Sie zu denen, die durch Reisen und/oder audiovisuelle Medien offener geworden sind für die Lebensweise anderer Völker und für Erfahrungen, die auch unser Leben – auf manchmal ganz unerwartete Weise – bereichern.

## Wir sitzen alle in einem Boot

»Wir sitzen alle in einem Boot!« heißt das Motto der Tongji-Universität in Shanghai, das – seinerzeit von einem Deutschen vorgeschlagen – bis heute seine Gültigkeit bewahrt hat und für jeden in seiner Bildhaftigkeit verständlich ist: Alle Völker gemeinsam sind für die Erhaltung des Lebens und der Zivilisation auf unserem Planeten verantwortlich. Ein umfassenderes Verständnis für die Denk- und Lebensweise der alten östlichen Kulturen kann uns dabei nur nutzen.

**Von den alten Weisheiten der fernöstlichen Kulturen, die man im Kolonialzeitalter noch als »unterentwickelt« und »zivilisierungsbedürftig« ansah, zehrt heute der oftmals an die Grenzen der Wissenschaftsgläubigkeit gelangte westliche Mensch. Sein Interesse gilt vor allem den Bereichen Medizin, Ernährung und Wohnkultur.**

# Einleitung

Uralt ist der Wunsch des Menschen, sein Schicksal selbst zu bestimmen und zu kontrollieren. Zu diesem Zweck haben die Chinesen u. a. das Feng Shui entwickelt. Zugrunde liegt dabei die Vorstellung, dass wir überall von einer unsichtbaren Lebenskraft, dem Chi, umgeben sind. Wie diese Kraft sich verhält, haben sie seit Jahrtausenden beobachtet und daraus Regeln entwickelt.

## Harmonie durch ausgeglichenes Chi

**Feng Shui beruht auf Beobachtungen und Erfahrungen vieler Generationen, ursprünglich Bauern, bezüglich der Wechselwirkungen zwischen den verschiedenen Wetterlagen und dem Gedeihen von Pflanzen und Tieren.**

Feng Shui ist die Kunst, das Chi und seine Wirkungen an einem bestimmten Ort zu einer bestimmten Zeit festzustellen oder sogar vorherzusagen und so weit wie möglich vorsorglich auszugleichen, um damit für sein persönliches Leben und alle damit verbundenen Absichten einen günstigen, von Harmonie geprägten Rahmen zu schaffen.

## Stationen der Geschichte

Bereits die Kaiserpaläste und die Chinesische Mauer wurden unter strenger Aufsicht von Feng-Shui-Experten errichtet. Auch Familien haben, wenn sie nur irgendwie das Geld dafür aufbringen konnten, privat einen Feng-Shui-Berater beim Hausbau hinzugezogen. Feng Shui breitete sich im Lauf der Jahrhunderte über ganz Südostasien aus und fand – mit Ausnahme der Kulturrevolutionszeit in China – länderübergreifend Anerkennung und Anwendung. In Hongkong, Singapur und Taiwan wird heute kaum noch ein Geschäftshaus ohne Feng-Shui-Beratung gebaut. Doch auch in der westlichen Welt hat sich Feng Shui in den letzten Jahren einen Stammplatz in der Kultur des Bauens und Wohnens erobert. Seit 1996 finden internationale Feng-Shui-Kongresse statt; der dritte tagte im Mai 1998 in Starnberg bei München.

## Schulen und Spielarten

Inzwischen gibt es verschiedene Richtungen des Feng Shui, so z. B. die Formen-Schule, die in diesem Buch hauptsächlich dargestellt wird und die von den Formen der Landschaft mit ihren Hügeln, Wäldern und Gewässern ausgeht. Die Kompass-Schule orientiert sich streng an den Himmelsrichtungen. Weitere Spielarten sind die Schwarzhut-Sekte und das Flying-Star-System.

Die meisten Experten verbinden die unterschiedlichen Methoden miteinander, je nachdem, welche Erfahrungen sie mit ihnen gemacht haben. Manche entwickeln auch ganz neue Richtungen, wie Professor Jes Lim, der ein Verfahren erprobt hat, mit dem man das Chi messen kann, und der seine Lehre Qui Mag Feng Shui nennt.

## Mehr Wohn- und Lebensqualität durch Feng Shui

Nachdem die nach reinen Zweckmäßigkeitsgesichtspunkten konzipierten »Wohnmaschinen« und »Betonsilos« der letzten Jahrzehnte viele Menschen unbefriedigt gelassen, wenn nicht gar krank gemacht haben, kann Feng Shui mit seiner Grundanschauung vom energetischen Zusammenwirken von Mensch und Umgebung den Weg zu besseren Wohnbedingungen weisen. Deshalb lassen sich heute bei uns viele Baufirmen von Feng-Shui-Experten beraten. Ein Meilenstein für die Zukunft wird die im Jahr 2000 in Sydney stattfindende Olympiade sein, zu der die geplanten Bauwerke weitgehend nach Feng-Shui-Prinzipien errichtet werden sollen.

## Praktische Hinweise

Hier kurz noch zwei Hinweise zum Gebrauch dieses Buches.

■ Prüfen Sie, ob die beabsichtigten Wirkungen in Ihrem Fall eintreten oder ob vielleicht etwas ganz anderes geschieht, denn der Einfluss bestimmter Maßnahmen und Hilfsmittel ist nicht bei jedem Menschen gleich. Halten Sie sich nicht sklavisch an die Vorschläge, sondern vertrauen Sie auch Ihrer Wahrnehmung!

■ Machen Sie sich bewusst: Bei der Anwendung des Feng Shui spielt Geld eine untergeordnete Rolle; entscheidend ist, dass Sie das Wesentliche erkennen. Feng Shui kann von Geringverdienern und Besserverdienenden gleichermaßen praktiziert werden. Sie können für ein paar Groschen ein Papiermobile basteln oder eine stärkere Glühbirne kaufen und damit das Chi verstärken; Sie können zu diesem Zweck aber auch Ihre Wohnung vollständig neu einrichten.

**Mit dem Flying-Star-System können Veränderungen des Chi im Verlauf von Monaten und Jahren vorausgesagt werden – und damit auch der Wechsel der Ereignisse an bestimmten Orten.**

# Die Grundlagen des Feng Shui

Die alles belebende Kraft in unserer Welt ist nach chinesischer Anschauung das Chi. Diesen Begriff können wir nur unvollkommen übersetzen, etwa mit »Lebenskraft«. In der Esoterik ist von einer ähnlichen Kraft die Rede, die als »Prana«, »Energie« oder »Od« bezeichnet wird. Die Wissenschaft spricht von elektromagnetischen Schwingungen oder Biophotonen.

Das Chi wirkt unsichtbar in allen Dingen und allen Lebewesen, aber auch im freien Raum dazwischen. Nur mit genügend Chi können die Tiere, Pflanzen und die Menschen auf der Erde gedeihen. Das Chi kann Krankheit, Unglück und Misserfolg bringen (schädliches Chi = Sha-Chi) oder Gesundheit, Glück und Erfolg schenken (vorteilhaftes Chi = Sheng-Chi).

Feng Shui ist ein System von Regeln, die angeben, wie der einzelne Mensch das Chi zu seinem Vorteil nutzen kann. Dazu muss man dreierlei kennen:

■ Das Erscheinungsbild von Orten, die von Sheng-Chi begünstigt bzw. die von Sha-Chi benachteiligt werden (siehe unten).

■ Das Bagua, ein Schema, das bestimmte Raumteile des Hauses zu den eigenen Handlungen und Erlebnisbereichen in Beziehung setzt (siehe Seite 5)

■ Die Maßnahmen und Mittel, mit denen man den Fluss des Chi in den einzelnen Wohnbereichen steuern kann (siehe Seite 22)

**Das Chi ist alles andere als ein chinesischer »Spuk«: Elektromagnetische Schwingungen werden von modernen Biophysikern untersucht, z. B. von Professor F.A. Popp an der Universität Kaiserslautern, der sie als Biophotonen beschreibt und sichtbar macht (siehe auch Seite 110).**

## Die Standortwahl

Die Wahl des richtigen Standortes für ein Haus oder eine Wohnung ist von allergrößter Wichtigkeit, weil alle Hilfsmittel und Maßnahmen wenig nützen, wenn man sich an einem Platz niedergelassen hat, der schon aufgrund seiner Lage kaum Sheng-Chi, aber viel Sha-Chi anzieht. Gleich, ob es sich um ein Geschäftslokal, ein Bürohaus oder ein Wohnhaus handelt – immer sollte man zunächst die Lage und die Umgebung prüfen. Dabei muss man sich das Chi in seinem Fluss wie die Strömungen von Wasser vorstellen, die durch die Formen der Landschaft gelenkt werden. Ein Berg beispielsweise hält das Chi auf, so dass es sich sammelt und sozusagen zu einer Wolke verdichtet, was einem dort liegenden Haus zugute kommt.

**Regel 1:** Der ideale Standort für ein Haus ist dort, wo ein Berg die Rückseite des Hauses abschirmt und ein langsam fließender

Bach oder Fluss an der Vorderseite Chi heranführt.

Der Berg gibt Rückhalt und Unterstützung. In der Innenstadt erfüllt ein lang gestrecktes größeres Gebäude denselben Zweck, in ländlichen Gegenden auch ein zusammenhängender Wald mit hohen Bäumen.

Der Fluss oder Bach vor dem Haus gilt als Glück bringend, weil er viel Sheng-Chi zuführt. In der Stadt kann eine Straße den Fluss ersetzen, da sie mit ihrem Verkehrsstrom ebenfalls Sheng-Chi zuführt. Ungünstig ist allerdings eine Schnellstraße, denn mit dem hohen Tempo der Fahrzeuge eilt das Chi am Haus vorbei und kann dort nicht einkehren.

*Ein sich schlängelnder Bach oder Fluss verteilt das Chi besser als ein schnurgerader Kanal, während stehendes Wasser gar kein Chi und abgestandenes biologisch verseuchtes Wasser sogar schädliches Chi erzeugt.*

**Regel 2:** Wichtig an einem Haus sind große Fenster, weil mit natürlichem Licht und frischer Luft viel Glück bringendes Chi ins Haus fließt. Die Fenster sollen nicht zu stark unterteilt sein, weil die Längs- und Quersprossen das Chi zerschneiden, so dass es in seiner Wirkung geschwächt wird.

**Regel 3:** Das Haus darf nicht am Kopfende einer Sackgasse oder an einer T-Kreuzung liegen, da auf einer Straße, die gerade auf das Haus zuläuft, Sha-Chi wie durch eine Schneise mit zunehmender Geschwindigkeit auf das Haus hin gelenkt wird.

**Regel 4:** Licht- oder Telegrafenmasten, auch Fabrikschornsteine oder Hochhäuser unmittelbar vor dem Wohnhaus senden Sha-Chi aus und können Unglück, Misserfolg oder Krankheit ins Haus bringen.

Als ungünstig ist die Lage ebenfalls zu bewerten, wenn spitze Dachecken oder die Kanten von Pfeilern eines anderen Gebäudes Sha-Chi sammeln und in Richtung des Geschäftes oder des Ladens len-

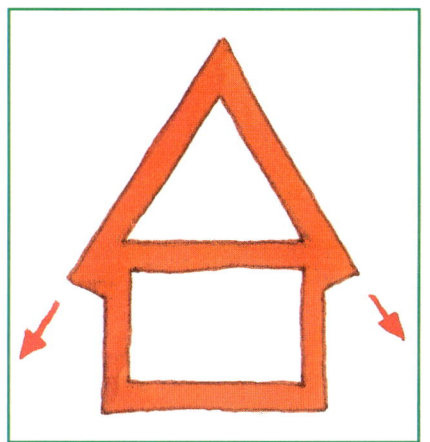

ken. Die gleiche Wirkung können auch Fernsehantennen oder Satellitenschüsseln haben, wenn sie auf das Haus ausgerichtet sind.

Wir müssen uns das so vorstellen: Chi-Ströme, die an hohen Gebäuden oder Dächern entlangfließen, bündeln sich an den Kanten und Ecken und verdichten sich zu einem pfeilartigen Strahl. Solche Strahlen schießen in das Energiefeld des menschlichen Körpers und können ihn in Mitleidenschaft ziehen. Man nennt diese Strahlen auch »Giftpfeile«. Unser Energiekörper ist viel verletzbarer als unser materieller Körper, da er aus einem feinstofflichen Schwingungsfeld besteht, das Angriffen von außen weniger Widerstand entgegensetzen kann als unsere aus Zellen bestehende Haut. Bohren sich nun »Giftpfeile« immer wieder an derselben Stelle in unseren Energiekörper, so entstehen dort Löcher, die sich nach längerer Zeit auch auf den materiellen Körper übertragen und zu Krankheiten führen können.

### Beispiel: Gefährliches Chi

Aus Kuala Lumpur in Malaysia wird von einem »Giftpfeilkrieg« zwischen zwei großen Firmen und ihren Hauptgebäuden berichtet. Es begann damit, dass die eine Firma im vorderen Bereich ihres Firmensitzes, im Aetna-Gebäude, zwei Rolltreppen baute, die sich kreuzten und durch diese schneidende Form »Chi-Giftpfeile« auf das Boustead-Haus des Konkurrenten »schossen«.

Die Inhaber des Boustead-Hauses stellten daraufhin eine Kanone vor dem Haus auf, die auf das Aetna-Gebäude gerichtet war. Man sagt, dass daraufhin im Aetna-Gebäude die Geschäfte deutlich schlechter liefen. Dort installierte man nun – auf Rat eines Feng-Shui-Experten – eine große runde Platte mit einem runden Spiegel am Eingang des Gebäudes, die die »Giftpfeile« der Kanone abfangen sollte. Sie erwies sich aber als zu klein, um das gefährliche Chi völlig unschädlich zu machen. Man darf gespannt sein, wie die Auseinandersetzung weitergehen wird und welche Feng-Shui-«Waffen« noch zum Einsatz kommen werden.

**Wenn immer wieder dieselbe Körperzone eines Menschen bzw. sein Aufenthaltsbereich von so genannten Giftpfeilen getroffen wird, beeinträchtigt das sein Wohlbefinden und seine Gesundheit und kann sogar Krankheiten nach sich ziehen.**

▬▬ **Regel 5:** Ein kleines Haus inmitten von größeren Häusern wird von der Energie der anderen überwältigt und ist deshalb im Nachteil.

▬▬ **Regel 6:** Der Standort soll nicht in der Nähe einer Überlandleitung oder unterhalb einer Flugschneise gewählt werden.

**Schulen und Kinos können – je nach dem dort wirkenden Chi – die örtliche Umgebung sowohl positiv als auch negativ beeinflussen, ebenso Schwimmbäder, Turnhallen, Kegelbahnen und alle Arten von Versammlungsräumen.**

▬▬ **Regel 7:** Gefängnisse, Gerichtsgebäude, Krankenhäuser, Polizeistationen, Friedhofskapellen, Tankstellen, Kasernen und Spielkasinos reichern das Chi mit Ängsten, Aggressionen und Verzweiflung an, die auf die Umgebung ausstrahlen. Darum soll man in der Nähe solcher Gebäude nie eine Wohnung beziehen oder ein Haus kaufen. Auch die private Nachbarschaft strahlt Chi aus – positives wie negatives.

▬▬ **Regel 8:** Das Haus muss ein solides Fundament haben; ohne dieses haben – wie im Leben sonst auch – alle anderen Maßnahmen keinen Erfolg.

---

### EXPERIMENT: DAS BAGUA UMDREHEN

Wenn Ihr Haus entgegen Regel 1 den Berg vor sich und den Fluss hinter sich hat, versuchen Sie doch einmal, die Lage umzukehren, sofern das Haus zwei Eingänge hat. Sie bestimmen den Hintereingang zum Vordereingang, so dass die ursprüngliche Rückseite (mit dem Fluss) nun die Vorderseite und die ursprüngliche Vorderseite (mit dem Berg) die Rückseite ist.

Auf diese Weise entspricht Ihr Haus der Anforderung von Regel 1, und das größte Hindernis für den Einzug von günstigem Chi ist beseitigt. Natürlich müssen Sie den Hintereingang auch regelmäßig als Haupteingang benutzen, den vormaligen Vordereingang versperren und die Zugangswege entsprechend verändern und umgestalten.

---

#### TIPPS

■ Wenn Sie eine neue Wohnung suchen, überprüfen Sie die Angebote anhand der acht Regeln.

■ Checken Sie anhand der acht Regeln Ihr Haus durch, in dem Sie zurzeit wohnen. Wie Sie eine ungünstige Lage entschärfen und zu Ihrem Vorteil verändern, erfahren Sie unter »Feng-Shui-Maßnahmen und -Hilfsmittel« (siehe Seite 22).

# Das Bagua

Das Bagua (ba = acht, gua = Bereich), wie es die untenstehende Abbildung in vereinfacher Form zeigt, ist das wichtigste Instrument des Feng-Shui-Beraters. Es ist eine Strukturierungshilfe, mit der er jede Wohnung in acht bzw. einschließlich der Mitte in neun Bereiche einteilt und dadurch die sichtbare Welt der Wohnung mit der unsichtbaren Welt des Chi in Verbindung bringt. Auch Sie können dieses Instrument nutzen.

Von jedem der Bereiche gehen Wirkungen auf einen Lebensaspekt der Bewohner aus: Die Wohnungsecke vorne links steht mit dem Wissen, den Einsichten und der Lernfähigkeit in Verbindung, die Ecke hinten rechts mit dem Gefüge der Partnerschaft usw. Gefühle, Gedanken und Geschehnisse finden thematisch in den jeweiligen Wohnungsteilen ihren Niederschlag, färben, formen und beeinflussen sie. Wie dies genau geschieht, wissen wir nicht.

**Das Bagua in seiner ursprünglich überlieferten Form ist achteckig (siehe Seite 38). Zur Arbeit mit dem Wohnungsgrundriss eignet sich aber die Rechteckform besser, da sie den meisten Wohnungen zu Grunde liegt.**

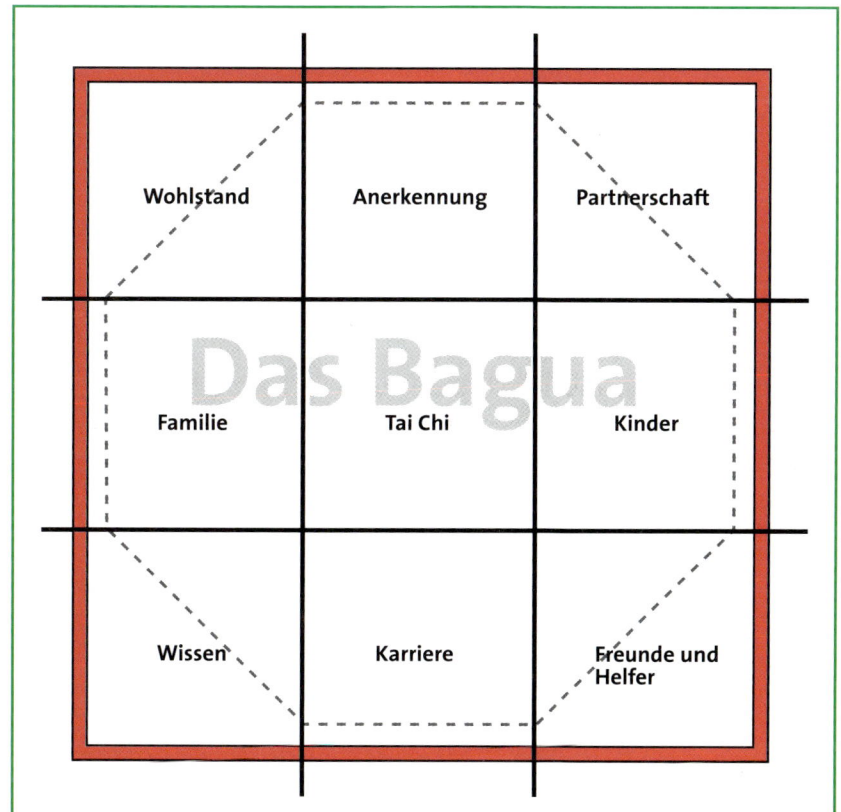

| Wohlstand | Anerkennung | Partnerschaft |
| Familie | Tai Chi | Kinder |
| Wissen | Karriere | Freunde und Helfer |

*Das Bagua ist eine einfache, aber die wichtigste Strukturierungshilfe des Feng Shui, die eine Wohnung in verschiedene Bereiche einteilt.*

■ Wenn die Partnerschaftsecke z. B. spärlicher möbliert ist als andere, wenn sie kahl und ärmlich aussieht, kann man daraus auf Entbehrungen in der Partnerschaft schließen. Umgekehrt strahlt auch das Chi des betreffenden Areals auf die Menschen aus, die sich dort aufhalten. Materie und Struktur der Partnerschaftsecke rufen eine Resonanz in den Begegnungen des Ich mit dem Anderen hervor und prägen das wechselseitige Verhalten.

## Die Anwendung des Bagua

**Ihr Wohnungsgrundriss kann selbstverständlich von der idealtypischen rechteckigen Form abweichen, z. B. schmaler oder L-förmig sein. Wenn Sie mehrere Etagen bewohnen, fertigen Sie für jede einen gesonderten Grundriss an.**

■■■ **1. Schritt:** Um mit dem Bagua arbeiten zu können, passen Sie es der eigenen Wohnung an. Dazu zeichnen Sie zunächst den Wohnungsgrundriss auf ein Blatt Papier.

Aus diesem Grundriss muss hervorgehen, ob die Wohnung L-förmig, T-förmig, ein »Schlauch« oder rechteckig ist. Dann zeichnen Sie die Wände zwischen den einzelnen Zimmern ein und beschriften die einzelnen Räume: »Wohnzimmer«, »Schlafzimmer«, »Esszimmer«, »Kinderzimmer«, »Badezimmer« usw. Auch den Wohnungseingang sowie weitere Türen und Fenster kennzeichnen Sie. Die fertige Zeichnung legen Sie so vor sich hin, dass der Wohnungseingang am unteren Rand liegt.

■■■ **2. Schritt:** Jetzt nehmen Sie ein Transparentpapier, legen es über den Wohnungsgrundriss und zeichnen ihn darauf noch einmal nach, und zwar nur den äußeren Rand – die Zwischenwände sparen Sie aus.

*Legen Sie das fertige Bagua zum Schluss auf den Grundriss Ihrer Wohnung.*

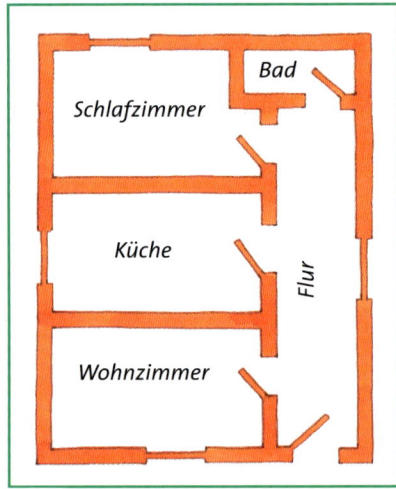

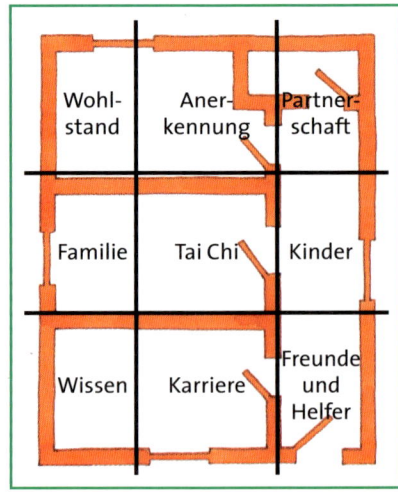

▰▰ **3. Schritt:** Wenn Sie den Grundriss jetzt unter dem Transparentpapier wegziehen und die Zeichnung auf dem Transparentpapier
mit einem andersfarbigen Stift durch zwei Längs- und zwei Querstri-
che in gleichmäßige Kästchen unterteilen, ist das Bagua schon bei-
nahe fertig.

▰▰ **4. Schritt:** Nun tragen Sie die Bezeichnungen der verschiedenen Bereiche in die einzelnen Kästchen ein, also z. B. in das rechte
obere »Partnerschaft«, in das linke untere »Wissen«, in das linke obere »Wohlstand«, in das rechte untere »Freunde und Helfer« usw.

▰▰ **5. Schritt:** Wenn Sie nun das Transparentpapier wieder auf den
Wohnungsgrundriss legen, und zwar so, dass die Eingangstür auf
der Grundlinie in einem der Felder »Freunde und Helfer«, »Karriere«
oder »Wissen« liegt, können Sie ablesen, in welchem Teil Ihrer Wohnung die einzelnen Lebensaspekte liegen. Je nach Größe und Form
der Wohnung umfasst ein Aspekt auch nur den Teil eines Zimmers
oder Teile mehrerer Zimmer.

## Die neun Bagua-Felder

### Wohlstand (hinten links)

Dieser Bereich umfasst sowohl materiellen als auch geistigen
Reichtum, also Geld, Besitz, verschiedene Positionen, die man im
gesellschaftlichen Leben einnehmen, Funktionen, die man ausüben
kann, sowie das emotional-seelisch-geistige Potenzial.

### Anerkennung (hinten Mitte)

Zu diesem Bereich gehören Achtung, Wertschätzung und Aufmerksamkeit anderer Menschen für uns sowie Ansehen, Status und
Ruhm, die daraus resultieren. Wie viel uns davon zuteil wird, hängt
nicht nur von äußerem Glanz und Besitz ab, sondern auch von unseren inneren Werten, unserer Klugheit, Glaubwürdigkeit, Geradli-
nigkeit und vorbildlichen Lebenseinstellung.

### Partnerschaft (hinten rechts)

Die Beziehung zum Lebens- oder Ehepartner ist der wichtigste
Aspekt dieses Bereichs, hinzu kommen weniger tief gehende Beziehungen in Beruf und Freizeit, z. B. mit Arbeitskollegen, Teammit-
gliedern, Sportsfreunden oder Nachbarn, mit denen man gemein-
same Erfahrungen macht und sich austauscht.

**Nach kurzer Zeit kennen
Sie die einzelnen
Bagua-Felder und ihre
Anordnung auswendig
und können sie auch in
fremden Wohnungen
identifizieren, ohne je-
des Mal eine Zeichnung
anfertigen zu müssen.**

17

### Kinder (Mitte rechts)

An erster Stelle stehen hier die leiblichen Töchter und Söhne, danach angenommene oder zeitweise betreute Kinder, auch Kranke, für die wir sorgen. Ebenso gehören »geistige Kinder« in diesen Bereich, also unsere Ideen, Arbeitsergebnisse, das selbst gebaute Haus und alles, was unserer Kreativität entsprungen ist und was wir aus eigenem Vermögen geschaffen haben.

### Freunde und Helfer (vorne rechts)

Dazu gehören Nachbarn oder Kollegen, auch flüchtige Bekannte oder unsichtbare Helfer, die uns schützen und unterstützen, so dass wir unsere Ziele leichter erreichen können. Oft scheinen Zufälle uns im Alltag weiterzuhelfen, wenn wir z. B. im Kaufhaus plötzlich genau auf den Gegenstand stoßen, den wir schon lange vergeblich gesucht haben. Dieser Bereich hat auch mit dem Netzwerk von Beziehungen zu tun, das sich um uns gebildet hat.

### Karriere (vorne Mitte)

Inhalt dieses Bereichs sind der Lebensweg des Menschen und die Stufen, die er noch erreichen will, sowohl im Beruf als auch in seiner körperlichen, emotionalen und geistigen Entwicklung mit all ihren Hindernissen.

### Wissen (vorne links)

Dieser Bereich umfasst unsere bereits erworbenen Kenntnisse, aber auch das, was wir aus den Wechselfällen des täglichen Lebens an Einsichten gewonnen haben, sowie unsere Fähigkeit, das Gelernte anzuwenden. Ferner geht es darum, ob wir Zugang zu unserer Intuition und zu den Tiefen des Unbewussten haben und wie weit wir diese Quelle für unser persönliches Wachstum zu nützen verstehen.

### Familie (Mitte links)

An erster Stelle stehen hier die Familienmitglieder, die vor uns geboren wurden, also ältere Geschwister, Eltern, Tanten, Onkel und Großeltern. Dazu zählen auch entferntere Verwandte sowie mit uns nicht verwandte Menschen, die eine begleitende oder wegweisende Rolle in unserem Leben spiel(t)en, wie z. B. Lehrer.
Unsere eigenen Kinder sind in diesen Bereich nicht einbezogen, für sie ist ein eigener vorgesehen (Mitte rechts). Der Unterteilung liegt

**Überlegen Sie, welche Personen für Sie zu den Bereichen »Partnerschaft«, »Kinder«, »Freunde und Helfer« und »Familie« gehören, gerade wenn die Zuordnungen nicht eindeutig sind.**

der im Vergleich zu uns bei den Chinesen sehr viel stärker ausge-
prägte Familiensinn zu Grunde.

### Tai Chi (Mitte)

Dieser Bereich steht für unseren Wesenskern. Das Zentrum unserer
Wohnung bildet den Mittelpunkt unseres Lebens ab, in dem sich unser ganzes Sein sammelt und von dem es ausstrahlt. Diese Mitte
muss ausgeglichen sein, darum haben körperliche und seelische
Gesundheit hier ihren bevorzugten Platz. Im Feng Shui wird dieser
Bereich durch das Yin-Yang-Symbol gekennzeichnet, das die harmonische Vereinigung der Gegensätze symbolisiert.

## Unregelmäßigkeiten im Wohnungsgrundriss

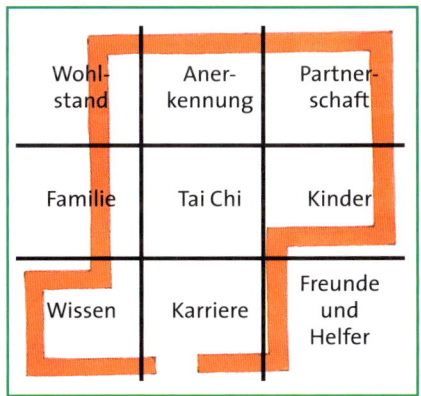

Möglicherweise ist Ihre Wohnung nicht regelmäßig ge-
schnitten, sondern weist Fehl-
bereiche und Erweiterungen
auf. Im nebenstehend abgebil-
deten Grundriss fehlen in den
Bereichen »Wohlstand« und »Familie« Stücke, der Bereich
»Freunde und Helfer« ist überhaupt nicht vorhanden.

Zeichnen Sie das Bagua so,
dass alle überstehenden wie auch ausgesparten Teile vom Bagua-
Umriss umschlossen sind. Die Flächen, die es in Ihrer Wohnung
nicht gibt, können Sie durch Schraffierung kenntlich machen.

■ Wenn Teile im Bagua fehlen oder unvollständig sind, bedeutet
das, dass in diesem Lebensbereich ein Mangel herrscht, dass also
z. B. die Bewohner keine Kinder haben.

■ Wenn ein Teil der Wohnung über die normale Begrenzung hinaus-
ragt, heißt das, dass in diesem Bereich zusätzliche Gaben empfangen werden. Für den Bereich »Familie« würde bedeuten, dass die
Besitzer dieser Wohnung ein überdurchschnittlich gutes Verhältnis
zu ihren Eltern, Großeltern und anderen älteren Verwandten haben.

■ Wenn an den Bagua-Bereich »Wohlstand« ein zusätzlicher Woh-
nungteil angebaut ist, können Sie mit überdurchschnittlichen Ein-
künften rechnen.

**Man kann Feng Shui als
»Akupunktur im Raum«
bezeichnen: Durch Sti-
mulierung bestimmter
Stellen kommt das Chi
sowohl im Zimmer als
auch im Menschen
selbst wieder in Fluss,
und so sind seine
Schwachstellen
beseitigt.**

### Beispiel: Beziehungsgefährdender Grundriss

In Sankt Peter Ording wollte ein jung verheiratetes Paar eine Ferienwohnung für einen längeren Sommerurlaub mieten. Beim Durchchecken der Wohnung mit Hilfe des Bagua zeigte sich, dass das Bad genau in der Partnerschaftsecke lag. Dies verhieß nichts Gutes, denn mit dem Abfließen von Wasser drohte auch ein Chi-Verlust für Liebe und Partnerschaft.

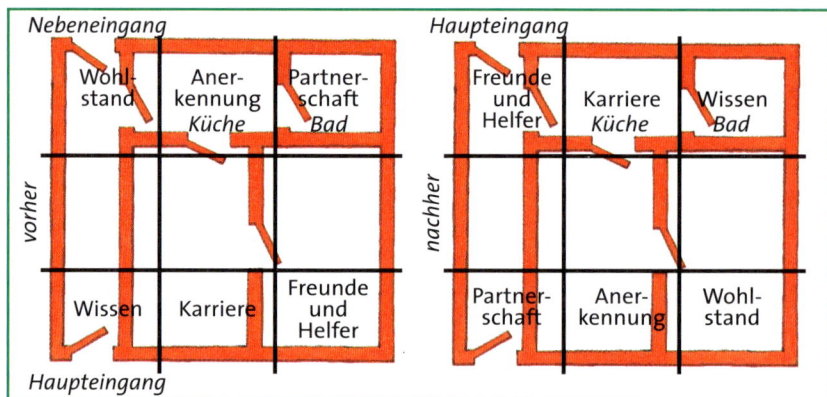

*Die Nachteile eines ungünstigen Grundrisses lassen sich häufig recht einfach beheben.*

**Das Badezimmer ist der am stärksten von Chi-Verlust bedrohte Raum eines Hauses oder einer Wohnung. Durch welche Maßnahmen Sie unangenehme Folgen abwenden können, lesen Sie auf Seite 50f.**

Da die Ferienwohnung zwei Eingänge hatte, war die Lösung denkbar einfach: Das Paar benutzte während seines Aufenthalts nur den in der Abbildung oben links als Hintertür bezeichneten Eingang und machte ihn zur »Haupteintrittspforte«.

Dadurch wurde das Bagua umgedreht, so dass der neue Eingang im Bereich »Freunde und Helfer« zu liegen kam (Abbildung oben rechts). Die Küche links daneben lag nun im Bereich »Karriere« und das Bad im Bereich »Wissen«. Der Bereich »Partnerschaft« befand sich jetzt bei dem unbenutzten ehemaligen Haupteingang und war so energetisch nicht mehr gefährdet.

### Bagua in Zimmern und Etagen

Das Bagua gilt nicht nur für den Grundriss der Wohnung im Parterre. Es lässt sich ebenso auf jedes einzelne Zimmer und jedes Stockwerk anwenden.

Das heißt: Jedes Zimmer hat seine Partnerschaftsecke, seine Karriereseite, sein Wissensfeld, seine Freunde-und-Helfer-Ecke, seine innere Mitte usw. Maßgebend für die Orientierung ist immer die Tür. Sie bestimmt, wo die Grundlinie verläuft, von der aus die Aufteilung in die neun Bereiche vorzunehmen ist.

## CHECKEN SIE IHRE WOHNUNG DURCH

Überprüfen Sie, ob zwischen den Bagua-Feldern in Ihrer Wohnung und Ihrem Leben Übereinstimmung besteht. Sehen Sie auf dem Bagua-Grundriss nach, wo in Ihrer Wohnung die Wohlstandsecke ist. Gehen Sie dorthin.
Ist es hier eher ordentlich oder eher unordentlich und chaotisch? Markieren Sie auf der untenstehenden Skala Ihre Einschätzung.

```
        sehr   +3   +2   +1    0   -1   -2   -3   sehr
    ordentlich  |---|---|---|---|---|---|---|  unordentlich
```

Stellen Sie sich jetzt die Frage »Wie ist es um meine Finanzen bestellt?« – die sollen ja in Bezug zur Wohlstandsecke stehen! Sind sie übersichtlich und vorbildlich geordnet oder durcheinander? Markieren Sie ebenfalls Ihre Einschätzung auf der Skala.
Liegen die beiden Markierungen Wohnungszustand und Zustand der Finanzen weit auseinander? Oder stimmen sie ziemlich genau überein? Im letzteren Fall wäre das ein Beweis dafür, dass das Bagua-Feld »Wohlstand« mit dem Lebensbereich der Finanzen tatsächlich übereinstimmt.

Gehen Sie mit den folgenden Eigenschaftspaaren dem Zustand Ihrer Finanzen auf den Grund. Seien Sie ehrlich zu sich selbst. Sie würden sich keinen Gefallen tun, wenn Sie Ihre Lage beschönigten.

**Bagua-Feld »Wohlstand«**
Geordnet oder durcheinander?
Überladen oder leer?
Bunt oder langweilig?
Zweckmäßig oder
unzweckmäßig?

**Zustand der Finanzen**
Geordnet oder durcheinander?
Konto übervoll oder im Minus?
Einträge bunt oder langweilig?
Ausgaben zweckmäßig oder
nicht?

Nun stellen Sie sich in der Karriereecke dieselben Fragen und in allen anderen Feldern des Bagua, die im Augenblick für Sie von besonderer Wichtigkeit sind.
Wo finden Sie (annähernde) Übereinstimmungen?

**Wenn Sie die Antwort auf jede der nebenstehenden Fragen auf einer eigenen Skala markiert haben, zeichnen Sie die Skalen untereinander und verbinden die angekreuzten Punkte miteinander. So erhalten Sie Ihr »Wohlstandsprofil« und Ihr »Finanzprofil« und können überprüfen, inwieweit beide deckungsgleich sind.**

# Feng-Shui-Maßnahmen und -Mittel

Wenn Sie festgestellt haben, dass ein Aspekt Ihres Lebens Ihren Erwartungen nicht entspricht, können Sie ihn verändern, indem Sie den entsprechenden Wohnungsbereich umgestalten. Dadurch beeinflussen Sie die unsichtbare Wirkung des Chi, die von Ihrer Wohnung ausgeht. Genau wie im Körper, so sind auch in der Wohnung ein gleichmäßiger Energiefluss und ein gut funktionierender Austausch mit der Außenwelt Voraussetzung für Gesundheit und Wohlbefinden. Fenster und Türen sind die »Aufnahme-« und »Ausscheidungsorgane« der Wohnung: Durch sie tritt das Chi ein und aus.

Das Chi kann durch verschiedene Maßnahmen, die sich bestimmter Hilfsmittel bedienen, beeinflusst werden:

■ Sie können altes Chi entfernen, das sich in jedem Raum in den Ecken und unter den Möbeln abgelagert hat (siehe unten), und frisches Chi mit Hilfe der vier Elemente zuführen (siehe Seite 26).

■ Sie können günstiges Chi in energetisch unterversorgte Bereiche lenken und schädliches Chi abwehren (siehe Seite 29).

■ Sie können harmonisierendes Chi in bestimmten Teilen der Wohnung gezielt verstärken (siehe Seite 33).

■ Sie können das Chi in den einzelnen Bagua-Feldern mit Hilfe bestimmter Farben beeinflussen (siehe Seite 37).

## Altes Chi entfernen (Raumklärung)

**Beim Einzug in eine neue Wohnung kann eine gründliche Raumklärung die Atmosphäre stark verbessern, da altes, »verdorbenes« Chi entfernt und neues, frisches Chi zugeführt wird.**

Der Zustand jeder Wohnung und der einzelnen Wohnungsbereiche hängt entscheidend von ihrer Vorgeschichte ab. Wer hat vor Ihnen hier gelebt? Waren die Bewohner glücklich oder unglücklich, waren sie krank, oder hatten sie Sorgen? Haben sie ihre Wohnung gepflegt oder vernachlässigt? Waren sie viel oder wenig zu Hause? Lebten sie in Frieden, und kamen sie gut mit den Nachbarn aus? Waren sie lange da, oder sind sie schnell wieder ausgezogen? Woran lag das? Die Beantwortung all dieser Fragen gibt Aufschluss über den energetischen Zustand der Wohnung.

Die negative Atmosphäre von Unglück und Krankheit, Streit und Gewalttaten setzt sich in einer Wohnung fest und kann die neuen Bewohner in ihren Bann ziehen. Andererseits können sich auch Liebe, Erfolg und Glück in einem Haus »eingenistet« haben.

In jedem Raum lagert sich mit der Zeit altes Chi ab; in den Ecken und unter den Möbeln staut es sich. Manchmal liegt es fast schon sichtbar wie ein Nebel im Raum. Um es hinauszubefördern und Platz für frisches Chi zu schaffen, ist eine energetische Reinigung das beste Mittel.

## Vorbereitung

Duschen Sie vor Beginn, ziehen Sie saubere Kleidung an, und legen Sie sich die benötigten Reinigungsgegenstände – Wisch-, Staubtuch und Staubsauger – zurecht. Ziehen Sie auch die Schuhe aus, und legen Sie gegebenenfalls Ihren Schmuck ab, da einige Metalle und Steine unerwünschtes Chi anziehen.

Überlegen Sie sich, welche Atmosphäre die Räume nach der Reinigung ausstrahlen sollen, und denken Sie sich einen passenden Satz dazu aus, z. B. »Liebe und Wohlstand sei in diesem Raum«. Wenn Sie einen bestimmten Wunsch in den Raum hineinsprechen, wird er sich dort manifestieren, denn das Chi wird durch die Macht unserer Gedanken beeinflusst.

Damit frisches Chi auch mit Macht einziehen kann, ist es notwendig, dass Sie vorher aufräumen. Denn an Stellen, wo alle möglichen Gegenstände seit längerer Zeit zusammengestaut sind, kann das Chi nicht ausreichend in Bewegung gebracht werden. Sie sollten also wegwerfen, was nicht mehr gebraucht wird, alte Kleidung, Bücher und Geschirr zum Flohmarkt bringen oder an eine gemeinnützige Organisation geben.

Unterlagen oder Materialien, die als Arbeitsmittel für künftige Projekte, beispielsweise für Basteleien, gesammelt werden können, sollten Sie in Schubladen, Regalen oder Kartons verstauen, so dass sie nicht im Wege sind.

## Reinigen durch Klatschen

Öffnen Sie Haustür und Fenster, damit das Chi nach außen entweichen kann. Dann beginnen Sie mit der Reinigungshandlung innen beim Eingang der Wohnung, gehen im Uhrzeigersinn an der Wand entlang und klatschen dabei kräftig in die Hände: über dem Kopf, unten an der Fußleiste, besonders aber in den Ecken und unter den Möbeln. Dabei sagen Sie immer wieder Ihren vorher formulierten Wunsch leise vor sich hin.

Wenn Sie die Wände abgeschritten haben, gehen Sie klatschend durch die Mitte des Raumes und – falls Sie mehrere Räume reinigen

**Am besten reinigen Sie nicht nur ein einzelnes Zimmer, sondern gleich die gesamte Wohnung, weil sonst das alte Chi aus den nicht geklärten in die bereits geklärten Räume hinüberfließt.**

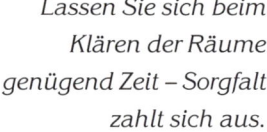

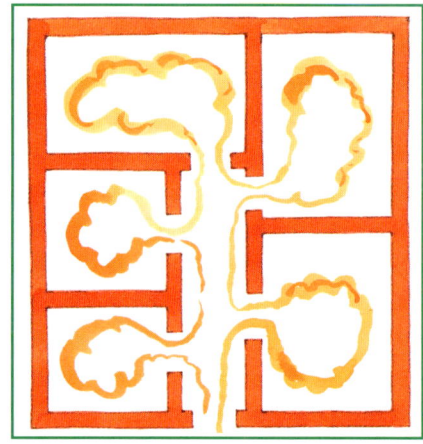

*Lassen Sie sich beim
Klären der Räume
genügend Zeit – Sorgfalt
zahlt sich aus.*

wollen – über die Schwelle in das nächste Zimmer. Dort und in allen weiteren Zimmern wiederholen Sie das beschriebene Ritual, bis Sie wieder beim Wohnungseingang angelangt sind.

■ Wenn in einer Ecke oder unter einem Möbelstück das Klatschen dumpf klingt und nicht widerhallt, zeigt dies, dass sich hier altes Chi angestaut hat. An dieser Stelle müssen Sie mit dem Klatschen so lange fortfahren, bis es voll klingt und resoniert – erst dies ist ein Zeichen dafür, dass das Chi wieder in Fluss gekommen ist.

Spülen Sie nach dem Reinigungritual die Hände unter fließendem Wasser gründlich ab, da sonst das verbrauchte Chi an ihnen haften bleibt und Unannehmlichkeiten oder sogar Krankheiten verursachen kann.

Wiederholen Sie das Ritual etwa jedes halbe Jahr, gegebenenfalls auch öfter, wenn jemand in der Wohnung krank gewesen oder gestorben ist, wenn ein heftiger Streit stattgefunden hat oder wenn viele oder unangenehme Besucher da waren.

**Sie können hören, welche Art von Chi sich an einer bestimmten Stelle, z. B. unter einem Möbel, befindet, weil es je nach Qualität unterschiedliche Tonschwingungen hervorruft.**

### Reinigen mit Musikinstrumenten

Statt mit Klatschen können Sie Ihr Haus oder Ihre Wohnung auch mit dem Klang von Musikinstrumenten reinigen. Deren Schwingungen versetzen das Chi ebenfalls in Bewegung.

Nehmen Sie am besten eine Glocke, die einen reinen, kräftigen Klang hat. Halten Sie die Glocke in Höhe des Herzens vor sich, und schicken Sie zusammen mit den Schallwellen Ihre eigene Energie ganz bewusst in den Raum. Sprechen Sie dabei wieder fortlaufend Ihren Segenswunsch. Legen Sie den Weg durch die Zimmer in derselben Art und Weise zurück, wie es vorher beim Klatschen beschrieben wurde.

■ Ein dumpfer Klang der Glocke macht Sie darauf aufmerksam, dass sich an der betreffenden Stelle noch angestautes Chi befindet. Wenn die Glocke nach einigen Schlägen wieder voll und klar klingt, ist der Stau beseitigt.

■ Benutzen Sie bei starken Energiestaus – z. B. nach einer schweren Krankheit – kräftiger klingende Instrumente, etwa eine Trommel oder einen Gong.

Statt der Glocke können Sie grundsätzlich jedes andere Instrument einsetzen: Klanghölzer, Klangstäbe, Zimbeln u. Ä. Am besten ist dasjenige Instrument geeignet, mit dessen Hilfe Sie die Klangunterschiede bei verschiedenen Chi-Konzentrationen gut erkennen, mit dem Sie körperlich-geistig-seelisch mitschwingen können und sich eins fühlen.

### Rhythmus- oder Melodieinstrumente?

Manchen Menschen fällt der Umgang mit Rhythmusinstrumenten, wie Rasseln, Stöcken, Bongos oder Trommeln, leicht. Geben Sie sich einfach dem Rhythmus hin, lassen Sie die Töne anschwellen und auf den Raum reagieren. Bald werden Sie wissen, wo schnellere und wo langsamere Passagen angebracht sind. Sie können gar nicht zu viel des Guten tun – ein ein- oder mehrstündiges »Austrommeln« eines Raumes bewirkt eine völlige Erneuerung des Chi.

Wenn Sie jedoch ein Melodieinstrument, wie Flöte, Geige, Akkordeon oder ein Blasinstrument, als Ihr Instrument beherrschen, fühlen Sie sich damit langsam in das Chi des Raumes ein und stellen eine neue Harmonie her.

### Versiegeln

Wenn Sie alle Wohnräume gereinigt haben, sollten Sie zum Abschluss die Zimmer versiegeln, damit sich in ihnen nicht so schnell wieder negatives Chi festsetzt. Stellen Sie sich in die Zimmerecke links von der Eingangstür (von außen gesehen), und heben Sie den rechten Arm senkrecht hoch, so dass er zur Zimmerdecke weist. Dann lassen Sie ihn parallel zur Wand nach unten sinken, bis er zum Fußboden zeigt: Die so »bestrichene« Wand ist jetzt versiegelt. In der gleichen Weise verfahren Sie mit allen anderen Wänden der Wohnung.

**Sie können das Ritual auch beenden, indem Sie mit dem Arm eine liegende Acht in die Luft zeichnen. Sie stellt die Unendlichkeit dar, da sie keinen Anfang und kein Ende hat.**

## Chi erneuern

Um das Chi aufzufrischen und zu erneuern, können Sie die Energie der vier Elemente nutzen: Erde, Feuer, Wasser und Luft. Man bedient sich ihrer von alters her in vielen Kulturen zu Weihe- und Opferritualen.

### Feuer

Sie machen den gleichen Rundgang durch Ihre Wohnung wie im vorigen Abschnitt beschrieben und tragen dabei eine brennende Kerze vor sich her. Leuchten Sie in alle Ecken, und bringen Sie so das Element Feuer in jeden Winkel. Achten Sie darauf, dass Ihre Bewegungen ruhig und gelassen sind.

Weihen Sie jedes einzelne Zimmer dem Feuer, indem Sie es bitten, zum Wohl der Bewohner beizutragen. Dazu sprechen Sie wieder einen Leitsatz, beispielsweise »Das Feuer möge Liebe und Wohlstand in diesen Raum bringen«. Danach legen Sie eine Pause von mindestens zehn Minuten ein, damit das Chi ausreichend Zeit hat, sich neu zu ordnen.

### Wasser

Füllen Sie eine Schale mit frischem Wasser, vorzugsweise mit Quellwasser. Steht Ihnen Quellwasser nicht zur Verfügung, drehen Sie den Leitungshahn auf und lassen das im Rohr abgestandene Wasser erst einmal ablaufen, bis frisches kommt, denn abgestandenes Wasser würde das Chi trüben.

**Wenn Sie dem Wasser einige Tropfen Bach-Blüten zusetzen wollen: Crab Apple hat reinigende Wirkung, Walnut hilft bei Veränderungen, Elm vermindert Stress, Olive beugt Erschöpfung vor, Rock Rose beschwichtigt Ängste, und White Chestnut vertreibt Sorgen.**

Gehen Sie nun mit der Schale (Sie können auch eine Sprühflasche verwenden) wieder in der bekannten Weise durch die Wohnung, und besprengen Sie jedes einzelne Zimmer mit einigen Wassertropfen: in den Ecken, unter den Möbeln und natürlich auch in der Mitte. Bitten Sie währenddessen das Element Wasser, es möge Ihre guten Wünsche für Ihr Heim unterstützen. Wenn Sie mit Bach-Blüten vertraut sind, können Sie dem Wasser einige Tropfen Ihrer Wahl zusetzen.

### Luft

Das Element Luft wird durch den Rauch von Räucherstäbchen symbolisiert. Wenn Sie keine Erfahrung im Umgang mit Räucherstäbchen haben, kaufen Sie sich am besten eine kleine Packung mit klarer inhaltlicher Kennzeichnung auf dem Etikett, z. B. »Zeder«,

»Vanille«, »Muskatellersalbei« oder »Jasmin«. Packungen mit Phanta-
sienamen bringen leicht Überraschungen, die nicht immer angenehm sind.

In vielen Kulturen wird bei Zeremonien Salbei benutzt, den es in
Esoterikläden in Form eines Zopfes zu kaufen gibt. Im abendländi-
schen Raum wird traditionell für Räucherungen Weihrauch verwendet; er wird in kleinen Stückchen verkauft, und Sie müssen ihn auf
glühende Holzkohle in ein Räuchergefäß legen. Mit einem an einer
Schnur oder Kette befestigten Fässchen können Sie leicht in alle
Ecken schwingen.

Reinigen Sie mit dem Räucherstäbchen oder Räuchergefäß
zunächst sich selbst, indem Sie sich den Rauch zufächeln. Gehen
Sie dann den gleichen Weg durch die Zimmer wie vorher, und verteilen Sie mit einem Fächer, einer Feder, der bloßen Hand bzw.
durch Schwingen des Fasses den Rauch in allen Ecken und Win-
keln. Bitten Sie dabei das Element Luft um die Erneuerung des Chi
in Ihrer Wohnung.

## Erde

Machen Sie nach einer mindestens zehnminütigen Pause den gleichen Rundgang durch die Zimmer Ihrer Wohnung, und streuen Sie
in kurzen Abständen eine Prise Salz vor sich auf den Boden und in
jede Ecke. Sprechen Sie auch jetzt wieder einen Wunsch für Ihre
Wohnung aus, und bitten Sie das Element Erde um Beistand in jedem Zimmer.

Das Salz repräsentiert das Element Erde, da es ja – als Steinsalz –
aus der Erde kommt. Wenn Sie besonders gründlich vorgehen wollen, mahlen Sie das Salz vorher ganz fein, wobei Sie jede Mahlbe-
wegung mit passenden Wunschsätzen zum Wohlergehen in Ihrer
Wohnung begleiten.

## Wirkungen

Sie können das Reinigungs- und Erneuerungsritual mit einem kleinen Festmahl im Freundeskreis ausklingen lassen. Achten Sie darauf, dass die Kerzen und Räucherstäbchen so lange angezündet
bleiben, bis sie abgebrannt sind. Erwarten Sie nicht ein sofortiges
»Wunder«: Das Chi braucht einige Stunden, bis es sich zu neuer Harmonie geordnet hat. Deshalb soll auch das Salz 24 Stunden liegen
bleiben.

**Düfte, deren Reize dem zentralen Nervensys-tem innerhalb einer halben Sekunde gemel-det werden, werden kulturenübergreifend – ob z. B. bei den India-nern oder in der katholi-schen Kirche – in Form von Räucherungen als Mittel der Selbstreini-gung genutzt.**

Die meisten Menschen, die ein solches Ritual durchgeführt haben, finden, dass ihre Wohnung danach heller und klarer erscheint. In vielen Fällen wird auch berichtet, dass die Wohnung jetzt lebendiger und wärmer wirke, freundlicher und einladender, vergleichbar einem lebendigen Wesen, zu dem man einen Zugang gefunden hat und dem man jetzt freundschaftlich verbunden ist. Wieder andere sagen, dass sie ihre Wohnung jetzt als einen geschützten Bereich empfänden, um den durch das mehrfache »Umkreisen« eine Art Bannkreis geschaffen worden sei, so dass nichts Böses, nichts Unheil Bringendes eindringen könne.

**Die unverletzbare Atmosphäre des Bannkreises wird besonders deutlich spürbar, wenn mehrere Menschen sich an dem Ritual beteiligt und durch ihr vielfaches Herumgehen einen Schutzwall aus Chi errichtet haben.**

### Beispiel: Raumklärung für eine Pflanze

P. N. berichtet: In der Zeit, als ich mich mit Feng Shui zu beschäftigen begann, kaufte ich eine Efeuranke und hängte sie in einer dunklen Ecke meines Zimmers auf, um diese mit Chi anzureichern. In der darauf folgenden Nacht schlief ich sehr schlecht. Am Morgen machte ich mir Gedanken darüber: Das Einzige, was sich in meinem Zimmer geändert hatte, war, dass die Efeupflanze hinzugekommen war.

Konnte sie meinen Schlaf beeinträchtigt haben? Aber Efeu ist doch nicht giftig! Ich dachte nach, und da fiel mir ein, dass ich in dieser Ecke bis vor kurzem noch eine große Schefflera gehabt hatte. Sie hatte dort die Hälfte ihrer Blätter verloren, weil eine Bank davorstand, die ihr viel Licht raubte. Ich hatte sie daraufhin in ein anderes Zimmer ans Fenster gestellt.

Sollte das »Unbehagen« der Schefflera sich in dieser Ecke eingenistet haben? Hatte die Efeupflanze das vielleicht gespürt und sich gegen die negativen Schwingungen »gewehrt«, was wiederum meinen Nachtschlaf gestört hatte?

Ich hatte gerade zum ersten Mal etwas über die Eigenschaften des Chi und die energetische Reinigung von Räumen gelesen und beschloss sofort, in dieser Ecke ein entsprechendes Ritual durchzuführen. Und in der Tat: Als ich in die Hände klatschte, klangen die Schläge zunächst ganz dumpf und gepresst. Erst nach mehrfacher Wiederholung änderte sich das – es musste sich also eine Menge schlechtes Chi dort angestaut haben.

Den Efeu habe ich übrigens ins Badezimmer gehängt, wo er mehr Licht hat und prächtig gedeiht und jede Woche neue winzige grüne Blättchen hervorbringt.

## Chi hin- und ablenken

Wichtig ist, dass das Chi in der Wohnung gleichmäßig verteilt wird und vor allem auch an Stellen gelangt, die bisher nur sehr spärlich versorgt waren, wo also ein Mangel herrschte. Aus diesem Grund müssen Methoden angewandt werden, mit denen das Chi an die gewünschten Stellen gelenkt werden kann.

### Möbel und massive Gegenstände

Stellen Sie sich das Chi als Rauch vor, der zur Zimmertür hereinkommt – wohin wird er vermutlich ziehen? Wo stößt er auf ein Hindernis, wo wird er in eine andere Richtung abgelenkt?

Wenn ein Teil der Wohnung nicht in den Fluss des Chi einbezogen ist, erwachsen daraus Probleme in dem energetisch unterversorgten oder nicht versorgten Bagua-Feld. Umgekehrt können Möbelstücke und massive Gegenstände aber auch ungünstige Schwingungen abwehren. Stellen Sie nach Möglichkeit ein Möbelstück so in den Fluss des Chi, dass dieser zwangsläufig in die Chi-leere Ecke geleitet wird (siehe Abbildungen).

**Besonders die Zimmerecken sind häufig ungenügend mit Chi versorgt. Sie erscheinen dunkel und kalt, und Zimmerpflanzen können in ihnen – von wenigen Ausnahmen abgesehen – nicht gedeihen.**

*Das Möbelstück in der rechten Abbildung sorgt im Gegensatz zur linken dafür, dass Chi auch in die leeren Ecken des Raumes geleitet wird.*

Auch größere, massive Gegenstände können ungünstige Schwingungen abwehren. So können Sie sich im Büro vor der Strahlung von Computern und anderen elektrischen Geräten schützen, indem Sie einen Schrank oder eine Stellwand zwischen sich und die Strahlenquelle stellen. Als Schutz vor starkem Straßenverkehr dient eine Hecke oder Mauer, die zwischen Haus und Straße gesetzt wird und so schädliches Chi abschirmt.

### Spiegel

Die besondere Eigenschaft von Spiegeln ist es, dass sie das auftreffende Chi ebenso wie das auftreffende Licht reflektieren. Beides nutzt das Feng Shui auf unterschiedliche Weise.

So wird schädliches Chi an den Stellen zurückgespiegelt, an die es nicht gelangen soll, beispielsweise am Wohnungseingang.

Zudem können an der Außenwand eines Gebäudes Spiegel aufgehängt werden, um so das ungünstige Chi abzuweisen, das von Leitungsmasten oder von Häuserecken kommt.

**Zu den Feng-Shui-Hilfsmitteln gehören konvexe, das heißt nach außen gewölbte Spiegel, die das Chi zerstreuen, und konkave, das heißt nach innen gebogene Spiegel, die das Chi sammeln.**

Man sollte aber nicht vergessen, dass Spiegel durchaus auch nachteilig wirken können, wenn sie das Chi gebündelt auf einen Arbeitsplatz am Schreibtisch oder in der Küche werfen und den dort Arbeitenden aus dem energetischen Gleichgewicht bringen.

Ferner können Spiegel ganze Räume oder Raumteile vergrößern, da ein Spiegel den Raum scheinbar verdoppelt. Diese Maßnahme hat gerade in dunklen oder engen Hausfluren positive Auwirkungen.

*Gerade Ecken und dunklere Winkel sind oft Chi-unterversorgt. Mit Spiegeln können Sie diesen Mangel beheben.*

### Kristalle

Kristalle werden im Feng Shui vor allem verwendet, um eindringendes schädliches Chi (so genannte Giftpfeile) zu zerstreuen.

Sie können, wenn es Ihnen gefällt, facettenartig geschliffene Glaskugeln innen ins Fenster hängen. In ihnen wird das auftreffende Chi wie ein Lichtstrahl gebrochen und in Einzelschwingungen aufgeteilt, die sich über den ganzen Raum verteilen und keinen Schaden mehr anrichten können.

Darüber hinaus kann man – wie von Professor Jes Lim nachgewiesen – mit Kristallen auch die schädliche Strahlung von Computern zerstreuen. Aus diesem Grund sollten Sie bei der Arbeit am Bildschirm immer einen oder mehrere Kristalle in Ihrer unmittelbaren Umgebung liegen haben.

### Formen, Muster, Materialien

Im Feng Shui werden bei Möbeln runde *Formen* bevorzugt, weil sie das Chi sozusagen im Kreisverkehr ungehindert weiterleiten. Auch runde Teppiche und bogenförmige Fenster und Türen wirken sammelnd und beruhigend. Spitze Ecken und Kanten hingegen strahlen schädliches Chi ab, weswegen sie möglichst mit Borten oder Fransen zugehängt werden sollten.

Dass *Muster* an den Wänden, an der Zimmerdecke oder auf dem Fußboden den Verlauf des Chi deutlich beeinflussen, ist leicht nachvollziehbar. Gibt es in der Wohnung ein Zimmer mit zwei einander gegenüber liegenden Türen, die gewissermaßen einen Chi-Durchzug verursachen, kann man diesen Durchzug mit quer gestreiften Läufern oder Brücken bremsen. Das Gleiche gilt für quer gestreifte Vorhänge oder Rouleaus an den Fenstern, die dafür sorgen, dass kein schädliches Chi eindringen kann.

Senkrechte Streifen begünstigen ein Fließen von oben nach unten und sind aus diesem Grund für ein Badezimmer besonders geeignet, wo alles Alte abgewaschen und in die Erde hinunter gespült werden soll.

**Lassen Sie sich in einem Baumarkt verschiedene Tapeten- und Teppichmuster zeigen, und überlegen Sie, welche zu Ihrem Wohn-, Schlafzimmer usw. passen. Holen Sie sich für die Gestaltung Ihrer Wände auch Anregungen, indem Sie Häuserfassaden, z. B. die Ihres Rathauses, aufmerksam studieren.**

*Unterschiedliche Muster auf Tapeten oder Teppichen steuern den Chi-Fluss.*

**Fensterglas lässt das Chi durch, Rouleaus und Vorhänge blocken es ab, geschlossene Fensterläden lassen kaum noch Chi herein. Transparente Gardinen lassen mehr Chi durch als z. B. schwere Samtvorhänge.**

Waagerechte Streifen oder auch ein Wellenmuster legen ein stetiges Weiterfließen nahe, können also den Gedankenfluss und die geistige Beweglichkeit im Büro fördern.

Im Gegensatz zu Schottenmustern und Zickzacklinien wirken in Pastellfarben einfarbig getönte Wände, Möbel und Vorhänge beruhigend und sind daher besonders für Schlafzimmer geeignet. Auch Möbelbezüge wählt man bevorzugt einfarbig, da ansonsten durch das Hinzukommen von Kissen, Lampen, Tischdecken, Bildern und anderen Ziergegenständen der Gesamteindruck des Raumes leicht unruhig wirkt. Die eventuell gewünschte Abwechslung sollten Sie eher mit der unterschiedlichen Farbgebung der jeweiligen Accessoires herstellen.

Generell gilt, dass, je nachdem, welchem Zweck ein Raum dienen soll, sich mit Hilfe von Mustern, auch mit Streublümchen, Ranken oder anderen Ornamenten, die gewünschte Atmosphäre schaffen lässt.

Selbstverständlich kommt es auch auf die Wahl des *Materials* an. Manche Materialien, unter ihnen Holz, lassen das Chi vollkommen ungehindert passieren. Kacheln oder Marmorflächen hingegen beschleunigen es. Auf den glatten Oberflächen gerät das Chi sozusagen ins Rutschen, während Sisal- oder Wollteppiche das Chi durch ihre Struktur bremsen.

*Senkrechte Streifen eignen sich da, wo altes Chi weggewaschen werden soll, z. B. im Badezimmer.*

### Schutzsymbole

Schutzsymbole sollen schädliches Chi, aber auch Diebe und Einbrecher sowie alle Menschen, die Böses im Schilde führen, abwehren. Schutzsymbole haben ihr eigenes Chi oder Schwingungsfeld, das für schneidendes Chi undurchlässig ist.

Zu solchen Schutzsymbolen zählen Grünpflanzen draußen vor dem Eingang, ein Löwenkopf als Türklopfer oder auch Türkränze mit bunten Bändern.

## Chi verstärken

Während es im vorigen Abschnitt darum ging, wie Ihrer Wohnung positive Energie zugeführt und schädliche Energie von ihr abgelenkt werden kann, beschäftigt sich der folgende ausschließlich mit Maßnahmen und Mitteln, die das günstige Chi verstärken – in jeder Wohnung gibt es Problemzonen, die unterversorgt sind und der Zufuhr bedürfen. Besonders wirkungsvoll ist die Chi-Verstärkung durch Pflanzen und Tiere.

### Licht

Das meiste Sheng-Chi wird durch helles Sonnenlicht in einen Raum gebracht; an zweiter Stelle steht normales Tageslicht, an dritter Stelle künstliche Beleuchtung. Diese erzeugt umso mehr Chi, je heller sie ist.

■ Stellen Sie nach Möglichkeit in dunklen Ecken Lampen oder Deckenfluter auf.

■ Verdoppeln Sie das Licht mit Hilfe eines so genannten Blakers, mit einem Wandkerzenhalter nebst Spiegel. Ein Blaker lässt sich auch leicht selbst herstellen.

### Bewegung

Jede Bewegung verstärkt das Chi im Raum, daher sind Windspiele bei den Chinesen so beliebt. Bewegungen sind Schwingungen, die sich unsichtbar fortpflanzen und so dem Chi eine weitere Nuance hinzufügen.

■ Integrieren Sie die Bewegung des Wassers in Ihre Wohnung, beispielsweise in Form eines Zimmerspringbrunnens oder eines Aquariums (siehe Seite 36) im Wohn- oder Arbeitszimmer oder dort, wo Sie viel Chi brauchen. Unter den käuflich zu erwerbenden Zimmerspringbrunnen gibt es einige, bei denen sich eine Kugel über dem emporsteigenden Wasser dreht. Diese zusätzliche Bewegung erhöht natürlich die Wirkung des Chi. Sehr hübsch anzusehen sind auch hohe wassergefüllte Glaszylinder, in denen ständig Luftblasen aufsteigen.

**Einen Zimmerbrunnen kann man auch gut selbst bauen. Sie brauchen dazu: eine kleine Wasserpumpe (im Gartencenter erhältlich), eine größere Schale, Steine, Figuren, Pflanzen usw. Die Pumpe können Sie durch einen umgedrehten Blumentopf verdecken.**

■ Nutzen Sie die Bewegung technischer Geräte, z. B. die Drehung eines Plattenspielers: Wenn Sie nicht dauernd Musik hören wollen, können Sie ihn natürlich auch ohne Schallplatte laufen lassen und ein paar Nippesfiguren darauf setzen – in der Partnerschaftsecke etwa ein Delphinpaar.

■ Lassen Sie im Sommer einen Ventilator für Luftbewegung und frisches Chi sorgen.

### Bilder und Symbole

**Auch unbewegte Gegenstände haben Schwingungen, die das Chi beeinflussen. Sie sind langsamer, aber mitunter – je nach der Größe des Gegenstandes – sehr massiv.**

Bilder und dekorative Gegenstände, wie Vasen, Statuen, Schnitzereien u. Ä., senden eine geistige Schwingung aus, die das Chi eines Hauses bereichern, aber auch vergiften kann.

■ Hängen Sie niemals an der Wand Waffen auf! Auch Hirschgeweihe senden mit ihren Spitzen schädliches Chi aus. Dass Schlachtenszenen, Schiffsuntergänge oder »Der sterbende Hirsch« das Sheng-Chi beeinträchtigen, ist unschwer nachzuvollziehen.

■ Halten Sie mit an der Wand senkrecht aufgehängten Fächern wohltuendes Chi im Raum fest.

■ Bringen Sie, wenn es Ihrem Geschmack entspricht, im Bereich »Wohlstand« Geldscheine – echte oder aus Reklamesendungen ausgeschnittene – an, um den Geldfluss anzuregen.

■ Hängen Sie wahlweise einen Drachen an der Wand auf – er ist bei den Chinesen ein Glückssymbol.

■ Ziehen Sie Glück bringendes Chi an, indem Sie Bilder aufhängen, die allgemein positive Gedanken wecken, wie z. B. Familienfotos aus dem Urlaub, eine Frühlingslandschaft oder spielende Kinder.

■ Stellen Sie im Bereich »Wissen« eine Eule auf, die bei uns ein gebräuchliches Symbol für Weisheit ist.

■ Verwenden Sie Fische und Wasser im Bereich »Wohlstand« – sie sind in China Symbole für Reichtum.

### Zimmerpflanzen

Pflanzen und Tiere verstärken das Chi ganz besonders, da sie selbst immer neue Lebenskraft hervorbringen. Wollen Sie sich Feng-Shui-gerecht einrichten, sollten Sie in Räumen, wo Platz dafür ist, nicht mit Pflanzen sparen. Sie holen sich damit ein Chi ins Haus, das mehr den natürlichen Verhältnissen im Freien entspricht.

■ Meiden Sie tunlichst Pflanzen mit spitzen Blättern auf engem Raum, da diese »schneidendes« Chi aussenden und schädigend wirken könnten.

■ Nutzen Sie die Atemluft regenerierende und Schadstoffe vernichtende Kraft der Pflanzen: Philodendron und Liliengewächse saugen z. B. Formaldehyd ein, das in Reinigungsmitteln, Spanplatten, Farben, Lacken und vielen anderen Mitteln enthalten ist; Gerbera, Efeu und Bambuspalme schlucken Benzoldämpfe; die Birkenfeige (Ficus benjamini) verzehrt Zigarettenqualm; Azalee, Chrysantheme, Drachenbaum, Efeutute, Einblatt, Gummibaum und Schefflera sind weitere Schadstofffresser.

■ Stellen Sie Zimmerpflanzen vor allem in dunkle Ecken, wo der Chi-Gehalt gering ist.

## Haustiere

Lebendiger noch als Pflanzen sind natürlich Tiere im Haus, und jedes bringt eine Menge Energie – und Freunde, die ihrerseits wieder ein Spender positiver Energie ist – in Ihre Wohnung. Kleinere Tiere, wie Vögel, Meerschweinchen, Schildkröten, Kaninchen oder Goldhamster, halten sich überwiegend in ihrem Käfig auf und verströmen ihre Energie von dort aus.

■ Verstärken Sie das Chi in Ihrer Wohnung durch Vögel, die über ihre lebhaften und bisweilen lustigen Bewegungen hinaus auch ihre Stimme einsetzen und Klänge hervorbringen – allen voran natürlich Kanarienvögel.

■ Schaffen Sie sich, wenn Ihre Wohnsituation es zulässt und Sie genügend Zeit für die Beschäftigung mit dem Tier haben, so dass es nicht verwahrlost, einen Hund oder eine Katze an: Sie streifen durch die ganze Wohnung und stärken so das Chi nachhaltiger als Käfigvögel und Aquarienfische.

## Aquarium

Ein Aquarium ist eine regelrechte Chi-Fabrik, weil es bewegtes Wasser mit dem Chi von Pflanzen und Tieren kombiniert. Daher sollen Sie sich unbedingt ein Aquarium anschaffen.

■ Kaufen Sie sich – als Alternative zum Aquarium – kleine bunte gläserne Fische, die man in eine Glasvase oder einen Glashafen mit

**Mit Pflanzen und Tieren bringen Sie viel natürliches Chi in Ihre Wohnung. Bedenken Sie aber, dass sie liebevoller Zuwendung und Pflege bedürfen und Zeit in Anspruch nehmen.**

*Ein Aquarium kombiniert die Bewegung von Wasser mit dem Chi von Pflanzen und Tieren – empfehlenswert für jede Wohnung.*

**Viele der hier aufgezählten Hilfsmittel finden Sie in der Collage auf Seite 10 abgebildet. Welche Sie einsetzen wollen, ist Ihrer Entscheidung überlassen. Das Gleiche gilt für alle in diesem Buch vorgeschlagenen Feng-Shui-Maßnahmen.**

Wasser hineinsetzen oder -hängen kann: Sie sehen hübsch aus, benötigen keine Pflege und erhöhen das Chi im Raum, wenn auch nicht in dem gleichen Maße wie lebendige Fische.

■ Ebenfalls als Alternative bietet sich ein batteriebetriebenes imitiertes Aquarium an, in dem sich Fische aus Kunststoff hin und her bewegen, als wenn sie echt wären.

Sollten Sie sich für den Kauf eines Aquariums mit echten Fischen entscheiden, sind einige Aspekte zu beachten. Man kann nicht einfach ein Becken mit Leitungswasser voll laufen lassen, sondern für das Wohlbefinden der Fische sind Wasserhärte, Wassertemperatur und Sauerstoffgehalt ausschlaggebend. Jede Fischart hat ihre eigenen Bedürfnisse. Mitbestimmend für die Qualität des Wasser sind die eingesetzten Pflanzen, denn sie produzieren Sauerstoff, verwerten Abfälle und dienen den Fischen als schützendes Versteck.

In der Zoofachhandlung finden Sie ein reichhaltiges Angebot unterschiedlicher Aquarienpflanzen. Wenn Sie Ihre Auswahl getroffen haben, pflanzen Sie sie ein und warten etwa zwei Wochen, bis sie angewachsen sind, das Wasser sich beruhigt und die nötigen Kleinstlebewesen sich angesiedelt haben. Dann können Sie erste Fische einsetzen, z. B. Guppies oder Salmler oder die preiswerten roten Schleierschwänze, die kleinen Goldfischen ähnlich sehen. Erkundigen Sie sich auch eingehend nach dem richtigen Futter, den Fütterungszeiten und den jeweiligen Eigenarten der Fische.

# Farben für die Bagua-Felder

Das Chi wird ganz entscheidend durch Farben bestimmt, die jeweils eine bestimmte Eigenschwingung haben. Im Bagua-Raster ist jedem der neun Lebensaspekte eine bestimmte Farbe zugeordnet, mit der man den Bereich günstig beeinflussen und besondere Erfolge erzielen kann. Grundsätzlich werden die Farben in zwei Gruppen unterteilt:

- Anregende Farben sind Rot, Orange und Gelb.
- Dämpfende Farben sind Blau, Grün und Grau.

## Grün

Grün ist dem Bereich »Familie« zugeordnet. Wenn Sie also das Familienklima verbessern wollen, gestalten Sie ihn mit möglichst viel Grün: sei es, dass Sie die Wand grün streichen – was übrigens auch in Krankenhäusern das Befinden der Patienten günstig beeinflussen soll – oder dass Sie Topfpflanzen aufstellen, die ebenfalls Ausgeglichenheit und Friedfertigkeit fördern, wie man es dem sprichwörtlichen »Blick ins Grüne« nachsagt.

## Weiß

Weiß ist dem Bereich »Kinder« zugeordnet und besonders für die Gestaltung des Kinderzimmers geeignet. Weiß ist die Summe aller Farben; aus Weiß entfalten sich mit Hilfe eines Prismas die Spektralfarben, so wie sich im Kind regenbogenartig alle seine Möglichkeiten entfalten sollen.

## Grau

Grau ist dem Bereich »Freunde und Helfer« zugeordnet. Als neutrale Farbe ist es eher unscheinbar, so wie auch unsere Helfer und Freunde manchmal eher zufällig in Erscheinung treten und nicht groß Aufhebens von sich machen.

## Rot

Rot ist die Farbe des Bereichs »Anerkennung«. Rot strahlt Vitalität und Kraft aus; ein Übermaß davon kann jedoch leicht in Aggressivität umschlagen. Darum sollten Sie es in Ihrer Wohnung sparsam verwenden; ein Zimmer, in dem sowohl die Wände als auch Teppich, Vorhänge und Möbel rot sind, könnte die Bewohner eher aufals anregen.

**Kein Wohnungsbereich sollte in nur einer Farbe gestaltet sein. Nehmen Sie die entsprechende Bagua-Farbe als Grundfarbe, setzen Sie mit anderen Farben Akzente, und schaffen Sie Kontraste.**

37

■ Im Feng Shui gilt Rot als Farbe des Glücks. Wenn man in China jemandem zu Neujahr ein Geldgeschenk macht, überreicht man es in einem Glück bringenden roten Umschlag. In China sind auch viele Möbel rot gestrichen.

■ Bei einigen westlichen Menschen dagegen hat die Psychologie einen so genannten Rotschock festgestellt. Er wird damit erklärt, dass der Abendländer in seinem Unterbewusstsein Rot mit Blut, Schmerzen und Wunden verbindet, ein Assoziationskomplex, der infolge »christlicher« Erziehung noch mit Schuldgefühlen und Ängsten aufgeladen sein kann. Man darf also nicht immer davon ausgehen, dass Rot als angenehm empfunden wird.

**Manchmal genügt es, wenn die Bagua-Farbe nur an einem Einzelteil, z. B. einem Kissen, einem Sesselbezug oder einem Vorhang, erscheint – sie muss nicht immer den größten Flächenanteil einnehmen.**

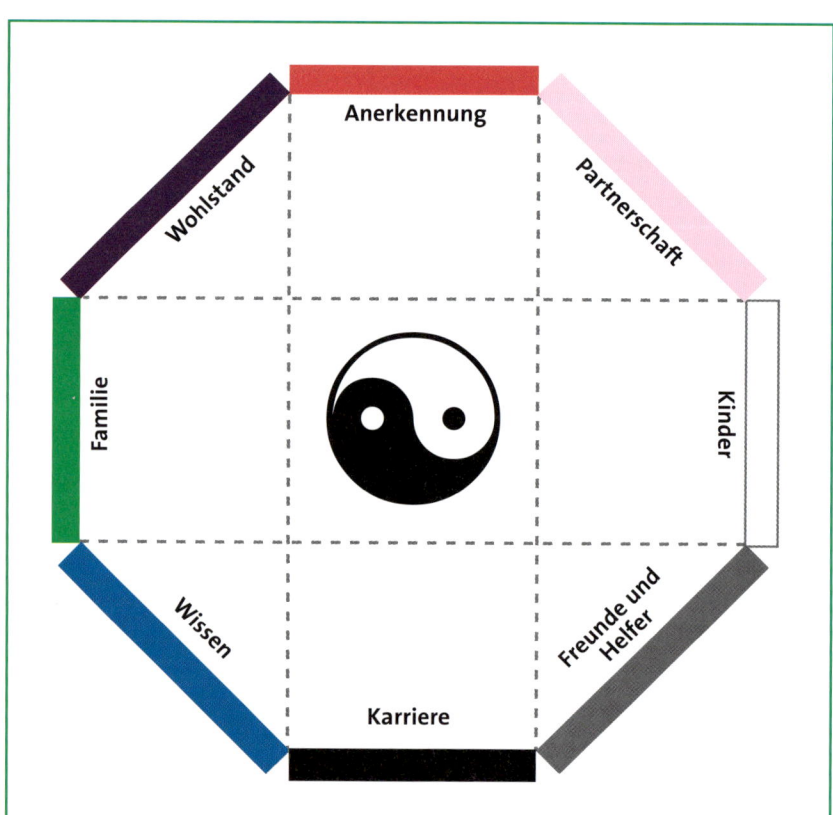

*Jeder Bereich des Bagua ist einer bestimmten Farbe zugeordnet.*

### Purpur

Purpur ist eine blaustichige Abwandlung von Rot und dem Bereich »Wohlstand« zugeordnet. In China gilt Purpur als Steigerung von Rot und bedeutet daher noch mehr Glück. Im Westen durften früher nur Könige als Zeichen ihres Reichtums Purpur tragen.

## Blau

Blau ist dem Bereich »Wissen« zugeordnet. Es fördert die Verbindung zur geistigen Welt, zur Seele und zum Unterbewusstsein. Als eher kühle Farbe wirkt Blau entspannend und beruhigend, obwohl es auch belebende Blautöne gibt, z. B. in Richtung Violett.

## Schwarz

Schwarz ist dem Bereich »Karriere« zugeordnet. Professor Jes Lim merkt dazu kritisch an, dass Schwarz nur aufgrund eines Irrtums als Farbe der Macht gilt. Versuche hätten bewiesen, dass Schwarz den Menschen bedrückt. Stattdessen schlägt er Himmelblau vor.

## Rosa

Rosa wird dem Bereich »Partnerschaft« zugeordnet. Uns fällt es nicht schwer, diese Farbe mit Liebe in Verbindung zu bringen (»rosarote Brille«). Sie sollten in Ihrer Partnerschaftsecke und im Schlafzimmer mit reichlich Rosa die Liebe fördern.

## Gelb und Braun

Die Farben Gelb und Braun sind dem Bereich »Tai Chi« zugeordnet. In China gilt Gelb als Farbe der Macht und Weisheit; die Kaiser trugen deshalb gelbe Gewänder. Farbpsychologen sagen, dass Gelb die Verstandestätigkeit anregt. Braun fördert Verwurzelung und Beständigkeit; es gibt der Wohnung Stabilität und Geborgenheit.

## Zwischentöne und Schattierungen

In die einzelnen Bagua-Felder lassen sich auch andere Farben, Zwischentöne, helle und dunkle Schattierungen sowie Farbmischungen für die Gestaltung der Wohnung oder der Geschäftsräume mit einbeziehen: in den Bereich »Partnerschaft« beispielsweise Rot und Weiß, in den Bereich »Wohlstand« Blau und Rot, in den Bereich »Wissen« Blau und Grün, in den Bereich »Freunde und Helfer« Weiß und Schwarz. Oft kann schon eine geringfügige Veränderung der Farbhelligkeit die Atmosphäre entscheidend verändern. Mit ins Kalkül ziehen sollten Sie auch, dass Möbel, Gardinen und Teppiche oder sogar eine gegenüberliegende Häuserwand draußen vor dem Fenster etwas von ihrer Farbe auf die Umgebung ausstrahlen und so den Gesamteindruck verändern. Alle hier nicht aufgeführten Farben sind keinem bestimmten Bereich zugeordnet.

**Entdecken Sie den »Maler« in sich: Kombinieren Sie verschiedene Varianten einer Farbe miteinander, z. B. Gelb mit Blautönen, Graugrün mit Tannen-, Oliv-, Mai- oder Blaugrün.**

**Beispiel: Aufhellung durch Farbkorrektur**

B.H. berichtet: Ich wurde von Frau G. um eine Wohnungsberatung gebeten, weil sie mit ihrem Wohnzimmer nicht zufrieden war. Es war ein sehr großes Zimmer, dessen eine Längswand ganz aus Glas bestand, aus einem großen Blumenfenster und daneben einer Schiebetür, die zu der davorliegenden Terrasse führte.

Frau G. hatte die Wände in einem blassen Gelb gestrichen, das sie sich eigens hatte mischen lassen und das auf dem Musterbogen angenehm und wärmend wirkte. Nun war Frau G. unzufrieden, weil sich diese Wirkung in ihrem Wohnzimmer entgegen ihrer Erwartung nicht einstellen wollte. Die Atmosphäre war eher kühl, und die aufgehängten Blumenbilder wirkten irgendwie trist. Frau G. hatte schon mit andersfarbigen Vorhängen und einem orangefarbenen Sofaüberwurf aufzuhellen versucht, aber der gewünschte Gesamteindruck blieb aus.

Schließlich fanden wir heraus, dass die Ursache im Außenbereich lag: Die hohen Fichten, die das Grundstück fast wie eine Mauer umgaben, sandten so viel Blaugrün durch die Glaswand in das Zimmer, dass das Gelb der Wände verfälscht wurde. Frau G. wählte nun als Wandfarbe ein kräftigeres Gelb mit einem Stich ins Orange, das ihr anfangs sicher zu »knallig« erschienen wäre. Aber in Anbetracht des mit Fichtengrün »untermalten« Wohnzimmers war es genau das Richtige.

Nach dem Streichen wirkte der Raum endlich so, wie Frau G. es sich vorgestellt hatte, und auch die Blumenbilder an den Wänden begannen zu leuchten und zu leben.

> **Verändern Sie nicht zu viel auf einmal, lassen Sie dem Chi Zeit! Spüren Sie immer wieder mit geschlossenen Augen in den Raum hinein, und versuchen Sie mit Ihren »Antennen« zu erfassen, wie sich das Chi anfühlt.**

# Probleme lösen mit Feng Shui

Sie haben in diesem Kapitel viele Möglichkeiten kennen gelernt, wie Sie mit dem Chi umgehen können, um die von Ihnen gewünschte Wirkung zu erzielen. Wenn eines der genannten Hilfsmittel nicht Ihrem Geschmack entspricht, nicht zu Ihrer Wohnung passt oder seine Anschaffung Ihnen zu kostenaufwendig ist, dann überlegen Sie:

- Mit welchen anderen Mitteln erziele ich die gleiche Wirkung?
- Soll das Chi umgelenkt, abgewehrt, zerstreut oder verstärkt und gesammelt werden?

Experimentieren Sie! Wenn Sie nach einer Veränderung des Zimmers das Gefühl haben: »Jetzt stimmt es«, dann warten Sie ab, ob sich dieser Eindruck im Lauf der Zeit verfestigt. Wenn Sie unsicher sind und nicht weiterwissen, warten Sie, bis Ihnen eine Idee kommt.

## Prioritäten setzen

Sie können nicht alle Probleme auf einmal lösen. Am besten packen Sie zuerst das an, was Ihnen am meisten am Herzen liegt. Was ist Ihr größter Wunsch? Schreiben Sie ihn auf. Machen Sie sich Notizen dazu, wie er in Erfüllung gehen soll. Wenn Sie z. B. eine glückliche Partnerbeziehung anstreben, überlegen Sie genau, was Sie damit meinen:

■ Wollen Sie in erster Linie einen Gesprächspartner, der Ihnen Verständnis entgegenbringt und den Sie umsorgen können, wie etwa einen nahen Verwandten? In diesem Fall ist der Bereich »Familie« betroffen.

■ Suchen Sie jemanden, mit dem Sie etwas gemeinsam auf die Beine stellen können? Dann ist wahrscheinlich der Bereich »Karriere« das richtige Bagua-Feld.

■ Oder soll es jemand sein, der Ihnen viel körperlichen Kontakt und Zärtlichkeit gibt? Dann sollten Sie sich auf den Bereich »Partnerschaft« in Ihrer Wohnung konzentrieren.

Verstärken Sie das Chi in dem betreffenden Bereich durch eines oder mehrere der genannten Hilfsmittel, beseitigen Sie alle Störfaktoren, stellen Sie Ihren Wunsch symbolisch oder bildlich dar, oder verleihen Sie ihm in Worten Ausdruck.

Manchmal werden Sie etwas Geduld und Phantasie brauchen, bis Ihr Wunsch in Erfüllung geht. Aber bedenken Sie, dass Veränderungen sich meist in kleinen Schritten vollziehen und einen Reifungsprozess erfordern.

Machen Sie jedoch Feng Shui nicht zu Ihrer fixen Idee! Und übertreiben Sie nicht! Feng Shui hat das Ziel, Energien auszubalancieren, um Wohlgefühl und Harmonie in Ihre Wohnung zu bringen. Wenn Sie beispielsweise fünf Zimmerbrunnen in Ihrer Wohnung aufstellen, ist das des Guten zu viel, ja sogar schädlich! Vertrauen Sie Ihrer Intuition. Sie können sogar ohne Regeln aus Ihrem Unbewussten heraus treffsicher Entscheidungen fällen und in Einklang mit sich und Ihrer Umwelt kommen.

**Je präziser Sie Ihren Wunsch formulieren können, desto besser programmieren Sie Ihr Unterbewusstsein auf seine Erfüllung. Stellen Sie sich Ihren verwirklichten Wunsch möglichst plastisch vor!**

# Feng Shui zu Hause

Ihre eigene Wohnung ist der Ort, wo Sie nach allen Regeln der Feng-Shui-Kunst schalten und walten können – zumindest soweit Ihr Partner einverstanden ist –, während am Arbeitsplatz der Spielraum, um Feng-Shui-Maßnahmen durchzuführen bzw. Hilfsmittel einzusetzen, in der Regel beschränkt ist (siehe Seite 22). Nutzen Sie diesen Gestaltungsspielraum, und experimentieren Sie mit Alternativen, wenn sich der gewünschte Erfolg nicht einstellen sollte.

## Die Küche

Die Küche wurde schon von den Chinesen als wichtigster Raum des Hauses angesehen, weil hier die Nahrung zubereitet und so für das leibliche Wohl der Bewohner gesorgt wird. Im Feng Shui repräsentiert die Küche Glück und Wohlstand der Familie. Ihre Lage und Ausstattung sind daher von größter Wichtigkeit.

**Regel 1:** Herd und Spüle sollen nicht unmittelbar nebeneinander stehen, da sich sonst die Elemente Feuer (vom Herd) und Wasser (von der Spüle) gegenseitig bekämpfen. (Das chinesische Zeichen für Unglück ist eine Zusammensetzung der Zeichen »Wasser« und »Feuer«!) Notfalls kann ein dazwischengestellter doppelseitiger Spiegel oder eine hellblaue Abgrenzung zwischen Spüle und Herd trennend wirken.

**Regel 2:** Die Küche darf nicht unmittelbar neben dem Bad liegen, damit der Wohlstand nicht »den Bach runtergeht«, denn Bad und Toilette sind mit »Abfluss« und »Entleerung« assoziiert. Ein an die Trennwand gehängtes Windspiel oder ein Spiegel kann den Verlust von Chi verhindern.

**Regel 3:** Die Küche muss möglichst große Fenster haben, die sich gut öffnen lassen, damit altes, abgestandenes Chi abziehen und frisches hereinkommen kann.

**Der wichtigste Einrichtungsgegenstand in der Küche ist der Herd, auf dem die Speisen für die Familie zubereitet werden. Am günstigsten steht er im Bereich »Tai Chi«, »Wohlstand« oder »Familie«.**

### TIPP

■ Bringen Sie über dem Herd unbedingt Spiegel an! Sie erweitern den Küchenbereich optisch und verdoppeln die Speisen und damit den »Wohlstand« des Hauses.

*Trennen Sie nach Mög-
lichkeit die Bereiche
Herd und Spüle, denn
dort treffen Feuer und
Wasser aufeinander.*

# Das Wohnzimmer

Das Wohnzimmer ist der meistbenutzte Raum Ihrer Wohnung. Es ist Lebensmittelpunkt und Sammelpunkt der Familienmitglieder. Deshalb verdient es eine freundliche und einladende Gestaltung, die das Chi harmonisiert.

**Regel 1:** Sofas und Sessel sollen möglichst mit der Rückseite zur Wand stehen, da die Benutzer sich so am sichersten und geborgensten fühlen.

**Für das Wohnzimmer eignen sich am besten die Bereiche »Familie«, »Partnerschaft«, »Freunde und Helfer« sowie »Anerkennung«, weil sie alle den Austausch und die Harmonie zwischen den Menschen fördern.**

**Regel 2:** Sitzmöbel sollen nicht in L-Form aufgestellt werden, da sich in der Ecke des L Chi staut. Wird das L durch einen Sessel oder Couchtisch rechteckförmig verlängert, fließt das Chi außen herum und berührt jeden, der dort sitzt.

**Regel 3:** Sofas und Sessel sollen so stehen, dass die dort Sitzenden die Tür im Blick haben. Die Tür im Rücken hingegen gilt als nachteilig – ein Relikt aus der Höhlenzeit des Menschen, als ihm von hinten Gefahr drohte –, weil man nicht kontrollieren kann, wer oder was hereinkommt.

**Regel 4:** Bei Neuanschaffungen sollen runde Tische und Beistelltische sowie rundliche Formen von Polstermöbeln bevorzugt werden. Dadurch kann es erst gar nicht zur Bildung von schädlichem Chi an spitzen Ecken und Kanten kommen, weil der Energiestrom vorbeigleitet.

**Regel 5:** Wenn zwei Zimmertüren einander gegenüberliegen, sollte eine durch einen Vorhang verhängt werden, weil sonst das Chi allzu schnell wieder entweicht. Das gilt auch für einander gegenüberliegende Fenster.

### TIPPS

■ Stellen Sie die Sitzgruppe – wenn möglich – in das Bagua-Feld »Wohlstand« des Wohnzimmers (zum Bagua einzelner Räume siehe Seite 17ff.), und verstärken Sie das Chi durch Bilder, Pflanzen und einen Zimmerspringbrunnen oder ein Aquarium. Ideal ist ein offener Kamin, in dem ab und zu ein Feuer brennt.

■ Schmücken Sie in Ihrem Wohnzimmer das Bagua-Feld »Familie« mit Fotos, einem Familienwappen oder einer Ahnentafel.

■ Gestalten Sie das Wohnzimmer abwechslungsreich, indem Sie gezielt verschiedene Farben, Materialien, Muster und Gegenstände verwenden.

**Für ausreichende Bewegungsfreiheit in den eigenen vier Wänden zu sorgen und trotzdem das Tai Chi als kraftgeladenes Zentrum zu gestalten – diese beiden Ziele sind nicht immer leicht in Einklang zu bringen.**

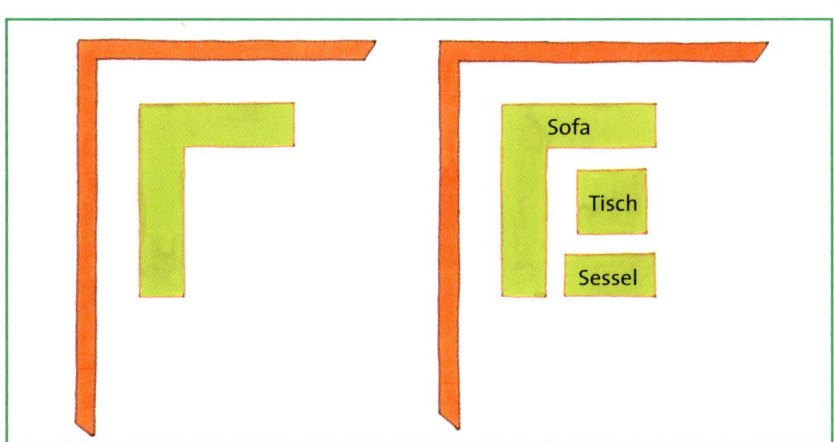

Sofa

Tisch

Sessel

*Durch einen Couchtisch und einen Sessel (rechts) kann sich das Chi nicht in der Ecke stauen (links) – die Benutzer fühlen sich wohl.*

### Beispiel: Neugestaltung des Wohnzimmers

R.I. berichtet: Ich bin jetzt seit fünf Jahren in dieser Wohnung und fühle mich im Großen und Ganzen wohl. Was mir besonders an ihr gefällt, ist ihre Weiträumigkeit.

Deswegen habe ich überall viel Platz gelassen; ich mag es nicht, wenn eine Wohnung so voll gestellt ist, dass man sich kaum bewegen und nicht ungehindert ans Fenster gehen kann.

In letzter Zeit bin ich allerdings unausgeglichen: mal himmelhoch jauchzend, dann wieder zu Tode betrübt. Natürlich habe ich mir darüber Gedanken gemacht und bin dabei auch auf Feng Shui gestoßen. So viel ist klar: Es geht um meinen Allgemeinzustand, und der steht mit dem Tai Chi in Verbindung. In diesem Feld liegt mein Wohnzimmer, ziemlich genau in der Mitte. Und die ist leer, weil ich ja Platz brauche, um mich frei bewegen zu können.

Kürzlich ist mir eine Idee gekommen, als ich in einem Prospekt einen massiven Tisch in alpenländischer Bauart, quadratisch und mit kräftigen Beinen, sah: Den würde ich mir gern ins Wohnzimmer stellen, mitten ins Tai Chi. Er wirkt ungeheuer stabil, und ich kann mir gut vorstellen, dass sich das auch auf meinen Gemütszustand positiv auswirkt.

# Das Schlafzimmer

**Neben dem Herd ist das Bett das wichtigste Möbelstück in der Wohnung. Rund ein Drittel seiner Lebenszeit verbringt der Mensch im Bett – deshalb wirkt sich seine Position nachhaltig auf die Gesundheit aus.**

Im Schlafzimmer verbringt der Mensch ungefähr ein Drittel seines Lebens. Darum sollten Sie bei seiner Einrichtung und Gestaltung sehr bewusst und sorgfältig vorgehen. Das Schlafzimmer liegt am günstigsten im Bereich »Partnerschaft«, da es vor allem dem Zusammensein der beiden (Ehe-)Partner dient. Für allein lebende Personen bietet auch das Bagua-Feld »Tai Chi« in der Mitte der Wohnung gute Schlafbedingungen.

**Regel 1:** Das Bett soll nicht mit dem Kopfende unmittelbar auf ein Fenster oder eine Tür ausgerichtet sein. Am besten steht es an einer Seitenwand.

**Regel 2:** Das Bett soll nicht gegenüber einer Tür stehen, weil sonst das hereinkommende Chi mit voller Kraft auf den Schlafenden trifft und ihn allzu stark aktiviert. Lässt sich das Bett nicht anders stellen, kann das Chi durch einen Wandschirm abgelenkt werden.

**Regel 3:** Das Bett soll nicht unter einer Dachschräge stehen, weil der Schlafende im eingeschränkten Kopfbereich sonst nicht genügend Chi bekommt.

**Regel 4:** Alles, was anregt, soll aus dem Schlafzimmer entfernt werden, das heißt: keine Fernsehgeräte, Haustiere oder Zimmerspringbrunnen im Schlafzimmer.

**Regel 5:** Auch unter Deckenbalken soll das Bett nicht gestellt werden, da dies auf Dauer Kopfschmerzen und Krankheiten hervorrufen kann.

*Stellen Sie Ihr Bett nicht
unmittelbar in den Chi-
Fluss zwischen Tür und
Fenster*

**Regel 6:** Das Bett soll so gestellt werden, dass es mindestens einen halben Meter von Steckdosen, Radiowecker und elektrischen Leitungen (in der Wand) entfernt ist: Elektrosmog ist eine ernst zu nehmende Krankheitsursache! Auch alle Metallgegenstände, vor allem Metalltische und Drahtlampenschirme, sollen aus dem Schlafzimmer entfernt werden, da sie unter Umständen elektrische Schwingungen weiterleiten.

**Regel 7:** Durch eine fachmännische Prüfung soll ausgeschlossen werden, dass unter dem Bett eine Wasserader verläuft (siehe Seite 131).

**Regel 8:** Alle Möbel sollen so platziert werden, dass sie mit den spitzen Ecken, an denen sich »schneidendes« Chi sammelt, nicht auf die Schlafenden zeigen.

**Regel 9:** Spiegel sollen im Schlafzimmer – wenn überhaupt – nur dort hängen, wo sie das Licht und das Chi nicht auf den Schlafenden werfen können, also nicht gegenüber vom Bett. Verspiegelte Schranktüren sollen gegebenenfalls mit einer Stoffbespannung verdeckt werden.

**Das von Deckenbalken herabströmende schädliche Chi kann durch schräg aufgehängte Flöten abgelenkt werden. Sie sollten mit dem Mundstück nach oben zeigen und paarweise leicht gegeneinander geneigt sein.**

### TIPPS

■ Schaffen Sie im Schlafzimmer eine luftige Atmosphäre; aufgestapelte Gegenstände behindern und stauen den Fluss des Chi und halten es von Ihnen fern.

■ Messen Sie die Länge, Breite und Höhe Ihres Bettes mit dem Feng-Shui-Metermaß (siehe Seite 70f.). Eine Länge zwischen 204 und 226 Zentimetern, eine Breite um 90 Zentimeter oder von 102 bis 113 Zentimetern sowie eine Höhe zwischen 37,8 und 48,6 Zentimetern sind günstig. Falls die Maße in einem ungünstigen Bereich liegen, ändern Sie sie durch Anfügen von Holz- oder Schaumstoffplatten bzw. durch Kürzen der Beine ab.

■ Kaufen Sie sich, wenn möglich, öfter eine neue Matratze, denn die Schwingungen von sorgenvollen Gedanken und schlechten Träumen setzen sich in der Unterlage fest und können Ihren Schlaf negativ beeinflussen.

■ Die Farben Blau und Grün im Schlafzimmer wirken beruhigend, Rosa ist der Liebe förderlich. Probieren Sie alle Farben zunächst an einer Wand oder einem Bettbezug aus, und wählen Sie diejenige, mit der Sie sich am wohlsten fühlen.

# Das Kinderzimmer

**Benutzen Sie beim Kauf von Kinderzimmermöbeln das Feng-Shui-Metermaß (siehe Seite 70/71), insbesondere für den Arbeitstisch und das Bett. Prüfen Sie »mitwachsende« Möbel erneut auf ihre Feng-Shui-verträglichen Maße.**

Das Kinderzimmer sollte weitgehend auf die individuellen Bedürfnisse des Kindes oder der Kinder abgestimmt sein, da diese ja dort arbeiten, spielen und schlafen und insgesamt viel Zeit verbringen. Natürlich sollte es innerhalb der Wohnung am besten im Bagua-Feld »Kinder« oder »Wissen« eingerichtet werden.

**Regel 1:** Für die Platzierung des Bettes gilt, was bereits unter »Schlafzimmer« gesagt worden ist.

**Regel 2:** Der Arbeitstisch, an dem die Hausaufgaben erledigt werden, soll nach Möglichkeit in das Bagua-Feld »Wissen« des Zimmers gestellt werden. Der Arbeitsbereich soll gut beleuchtet sein, ein beruhigendes Tapetenmuster fördert außerdem die innere Sammlung.

### TIPPS

■ Wählen Sie bunte Tapetenmuster oder lebhafte Wandfarben, wenn Ihr Kind allzu rasch ermüdet.

■ Halten Sie Wände, Möbel und Vorhänge in beruhigenden Farben wie Hellblau oder Hellgrün, wenn Ihr Kind übererregbar ist.

■ Stellen Sie keine schweren alten Schränke oder Kommoden ins Kinderzimmer, denn sie wirken auf das kindliche Gemüt bedrückend und belastend.

■ Verdecken Sie die scharfen Kanten von Regalborden durch Vorhänge oder vorgesetzte Türen.

*Gerade im Bereich der Kinderzimmer ist die Farbauswahl von Tapeten und Teppich sehr wichtig.*

# Das Arbeitszimmer

Für das häusliche Arbeitszimmer gilt natürlich alles, was im Kapitel »Feng Shui im Beruf« über die Gestaltung des Büros noch näher ausgeführt wird (siehe Seite 64ff.). Das Arbeitszimmer liegt am günstigsten in einem der Bagua-Felder »Karriere«, »Wohlstand« oder »Anerkennung«. Für einen geistig tätigen Menschen eignet sich auch das Feld »Wissen«, für einen im sozialen Bereich arbeitenden die Felder »Familie« und »Kinder«.

**Regel 1:** Der Schreib- oder Arbeitstisch soll so gestellt werden, dass der Arbeitende die Tür im Blick hat und kontrollieren kann, wer hereinkommt.

**Regel 2:** Der Arbeitende soll mit dem Rücken nicht unmittelbar zum Fenster sitzen. Blumentöpfe auf der Fensterbank, ein Windspiel vor dem Fenster oder Aufkleber an der Fensterscheibe helfen, die geballte Kraft des Chi zu zerstreuen.

**Regel 3:** Der Arbeitende schützt sich vor der Strahlung von Computern und anderen elektronischen Geräten am besten, indem er Kristalle vor sich auf den Arbeitstisch legt.

**Das Gefühl der Sicherheit ist am Schreib- oder Arbeitstisch besonders wichtig. Liegt die Zimmertür im Blickfeld, ist der Arbeitende vor unliebsamer Überraschung durch einen hinter seinem Rücken auftauchenden Besucher gefeit.**

## TIPPS

■ Verstärken Sie das Chi im Arbeitszimmer durch Pflanzen und Bilder, die Ihnen etwas »sagen«: z. B. ein Wanderer, der einem Ziel entgegenstrebt, oder ein Füllhorn, dem eine bunte Vielfalt an Ideen entströmt.

■ Prüfen Sie auch die Maße Ihres Schreib- oder Arbeitstisches mit dem Feng-Shui-Lineal, und nehmen Sie gegebenenfalls Korrekturen vor.

■ Lesen Sie im ersten Kapitel nach, inwieweit Sie durch weitere Feng-Shui-Maßnahmen bzw. -Hilfsmittel Nachteile in Ihrem Arbeitszimmer kompensieren können.

*Mit Pflanzen und Blumen auf der Fensterbank helfen Sie, die geballte Kraft des Chi ein wenig zu zerstreuen.*

# Das Badezimmer

**Für die Ausstattung des Badezimmers eignen sich alle Pastellfarben. Zu grünen, türkisfarbenen und blauen Kacheln passen beispielsweise Vorhänge und Handtücher in Terrakottafarben oder Gelb.**

Die Meinungen über die beste Lage des Badezimmers sind geteilt; in einer Mietwohnung ist sie freilich von vornherein festgelegt. Feng-Shui-Experten geben zu bedenken, dass durch die Wasserspülung gutes Chi allzu schnell verloren geht.

**Regel 1:** Der Deckel des Klosetts sollte stets geschlossen gehalten werden, damit möglichst wenig Chi beim Spülen entweichen kann.

**Regel 2:** Auch der Badewannen- und der Beckenabfluss sollen nach dem Waschen zugestöpselt werden, damit kein Chi entweichen kann.

**Regel 3:** Eine Wohnung, in der das Bad im Bereich »Tai Chi« liegt, sollte, wenn es sich irgendwie vermeiden lässt, grundsätzlich nicht gekauft oder angemietet werden. Hier ist längerfristig mit

Krankheiten zu rechnen, weil das Lebenszentrum der Bewohner beeinträchtigt wird.

**Regel 4:** Die Toilette soll nicht in den Bagua-Feldern »Karriere«
oder »Wohlstand« liegen, damit die auf diesen Gebieten errungenen
Erfolge nicht »den Bach runtergehen«. Am besten trennt man die
Toilette durch eine Wand oder einen Vorhang vom übrigen Bade-
zimmerbereich ab, sofern ihr nicht ein separates Örtchen vorbehalten ist.

**Regel 5:** Bad und Toilette sollen ein leicht zu öffnendes Fenster
haben und gut belüftbar sein.

### TIPPS

■ Achten Sie stets darauf, dass
Wasserhähne und -leitungen
nicht tropfen. Wenn sie undicht
sind, kann das unerklärliche fi-
nanzielle Einbußen nach sich
ziehen.

■ Sorgen Sie durch regelmäßige Reinigung dafür, dass Leitungen und Rohre nicht ver-
stopfen können: Verstopfungen
stehen sehr häufig in Zusammenhang mit Verdauungsbe-
schwerden eines Bewohners.

*Trennen Sie nach Mög-
lichkeit das WC vom
übrigen Teil des Bade-
zimmers ab.*

■ Verstärken Sie das Chi im Badezimmer durch mehrere einander
gegenüberliegende Spiegel.

■ Reichern Sie das Chi im Bad durch Fische aus Glas, Keramik
oder Holz an. Pflanzen gedeihen in der feuchten Atmosphäre gut
und verstärken das Chi ebenfalls.

## Das Esszimmer

Da im Esszimmer normalerweise alle Familienmitglieder zur Haupt-
mahlzeit am Tisch vereint sind, soll es eine harmonische und beruhigende Atmosphäre ausstrahlen. Sie richten es am besten – vom
Wohnungsgrundriss her – in einem der Bagua-Felder »Familie«,
»Partnerschaft« oder »Kinder« ein.

**Das Auge isst bekannt-
lich mit – darum kommt
es beim Anrichten der
Speisen auch auf die Zu-
sammenstellung der
Farben an. »Beleben«
Sie Suppen, Aufläufe,
Kartoffelgerichte und
Butterbrote mit einem
rotgrünen Farbtupfer.**

**Das Essen ist nicht nur ein notwendiger Akt der Nahrungsaufnahme, sondern auch eine Gelegenheit zum entspannenden Gespräch. Meiden Sie während der Mahlzeiten Themen, die leicht zu Streit führen könnten, und schaffen Sie rund um den Essplatz eine Atmosphäre der Behaglichkeit.**

■ **Regel 1:** Spiegel sollen nicht direkt auf die am Tisch Essenden gerichtet sein, weil das Magenbeschwerden verursachen könnte. Von Vorteil sind Spiegel jedoch an den Stellen, wo sie die aufgetragenen Gerichte »verdoppeln« und so den Wohlstand des Hauses vermehren.

■ **Regel 2:** Die Essenden sollen nicht zwischen zwei Türen oder Fenstern sitzen, da Chi durchzieht, was sich auf die Nahrungsaufnahme störend auswirkt.

■ **Regel 3:** Schrankecken sollen nicht mit der spitzen Kante auf die Essenden gerichtet sein, da dies den Verdauungsprozess beeinträchtigen kann.

## TIPPS

■ Wenn Sie einen Esstisch kaufen wollen, entscheiden Sie sich für einen runden, weil diese Form den Segen des Himmels symbolisiert und den Chi-Strom weiterleitet.

■ Verstärken Sie den Eindruck von Rund- und Ganzsein durch eine entsprechend geformte Schale oder Vase auf dem Tisch.

■ Wählen Sie helle und freundliche Farben im Essbereich: Rosa, Hellgrün oder Hellblau fördern den Appetit.

■ Wenn Sie anstelle des Esszimmers eine Essecke haben, trennen Sie diese durch ein Regal oder ein Sofa vom Bereich des übrigen Zimmers ab.

*Runde Esstische leiten das Chi weiter und unterstützen somit Wohlbefinden und Harmonie.*

# Der Eingangsbereich

Der Bereich um die Wohnungs- oder Haustür liegt immer in einem der drei Bagua-Felder »Wissen«, »Karriere« oder »Freunde und Helfer«. Die Diele oder der Flur wird vom Bewohner oder Gast als Erstes betreten; sie stimmen ihn auf die Wohnung ein. Ihre einladende Gestaltung ist von größter Wichtigkeit, denn so wie beim Kennenlernen eines Menschen der erste Eindruck unser Bild von ihm in einem großen Maße prägt, vermittelt der Eingangsbereich unserer Wohnung dem (neuen) Besucher eine direkte »Anschauung« unserer Persönlichkeit.

**Regel 1:** Die Eingangstür soll größer als die Zimmertüren sein, damit viel gutes Chi in die Wohnung bzw. ins Haus strömen kann. Aus demselben Grund soll der Eingang möglichst frei gehalten und nicht durch Kisten, Mülleimer, Fahrräder u. Ä. verstellt werden.

**Regel 2:** Wenn der Raum hinter der Eingangstür (die Diele) sehr klein ist, kann er optisch durch einen Spiegel erweitert werden. Allerdings soll dieser nicht der Eingangstür direkt gegenüber hängen, da er sonst das hereinfließende Chi reflektiert und sofort wieder hinausbefördert.

**Regel 3:** Die Haustür soll nicht nach außen zu öffnen sein, wodurch ein Ankömmling das Gefühl bekommen könnte, zwischen Tür und Wand eingequetscht zu werden. Besser ist es, wenn die Tür sich in den Flur oder die Diele hinein öffnet.

**Regel 4:** Wenn eine Diele so klein ist, dass man beim Eintreten fast vor eine Wand läuft, blockiert das den Fluss des Chi; deshalb soll man einen Spiegel so anbringen, dass er das Chi in den Raum hineinlenkt.

**Regel 5:** Sehr ungünstig ist ein Flur, der von der Wohnungseingangstür in gerader Linie bis zur Hintertür führt, weil dann das Chi die Wohnung durcheilt und keine Zeit hat, in die einzelnen Zimmer einzukehren und sie positiv aufzuladen. In diesem Fall hilft ein Möbelstück, eine spanische Wand, eine Kübelpflanze, ein Mobile oder ein Spiegel, die das Chi umlenken, so dass es sich in der Wohnung ausbreitet.

**Regel 6:** Kleiderhaken, die an der Wand angebracht sind und stumpfe Enden haben, sind Kleiderständern mit spitz abstehenden »Ästen« (so genannten Giftpfeilen) im Eingangsbereich in jedem Fall vorzuziehen.

**Schon den Weg hin zu Ihrer Wohnungstür können Sie freundlich und einladend gestalten, indem Sie ihn beispielsweise mit Blumen säumen und abends für ausreichende Beleuchtung sorgen.**

**TIPPS**

■ Gestalten Sie den Eingangsbereich hell und einladend. Erleichtern Sie Besuchern die Orientierung durch gute Beleuchtung, Namensschild und Klingelknopf.

■ Prüfen Sie, ob Sie zur Haustür hin ein paar Stufen anlegen können – dies gilt in China als Glück bringend.

■ Streichen oder tapezieren Sie die Diele bzw. den Flur in hellen Farben, z. B. in Hellblau, Hellgrün oder lachsfarben. Nur ein sehr großer Raum verträgt dunkle Farben!

■ Vermeiden Sie das Gefühl von Enge in Diele oder Flur durch Schuhe oder andere Gegenstände, die »stauend« wirken.

■ Lesen Sie im ersten Kapitel nach, inwieweit Sie durch weitere Feng-Shui-Maßnahmen bzw. -Hilfsmittel Nachteile in Ihrem Eingangsbereich kompensieren können.

# Das Gästezimmer

**Das Gästezimmer sollte ruhig liegen, eine gute Beleuchtung und ein bequemes Bett haben. Schlafen Sie selbst einmal eine Nacht im Gästezimmer, um auszuprobieren, ob Sie sich dort gerne aufhalten und wohl fühlen.**

Auch mit geringem finanziellen Aufwand und wenig spektakulären Mitteln können Sie das Gästezimmer, gleichsam die Visitenkarte Ihrer Wohnung oder Ihres Hauses, so gestalten, dass Ihr Besuch sich darin wohl fühlt. Wichtiger als eine kostspielige Einrichtung ist die Beachtung der Feng-Shui-Regeln.

**Regel:** Für das Gästezimmer gelten dieselben Regeln wie für Schlaf- und Wohnzimmer (siehe Seite 44ff.). »Schneidende« Kanten (Sha-Chi) an den Möbeln sollen durch Bänder, Borten oder Decken kaschiert werden.

**TIPPS**

■ Hellen Sie die Stimmung im Gästezimmer mit fröhlichen Farben auf: Streichen Sie die Wände hellgrün oder hellblau, oder nehmen Sie eine Streublümchentapete in zarten Farben.

■ Verhüllen Sie mit Stoffen einfache oder auch unansehnliche Tische und Stühle.

■ Setzen Sie mit einem bunten Kissen und frischen Gardinen einen fröhlichen Akzent.

■ Verstärken Sie den einladenden Eindruck durch einen Blumenstrauß und farblich abgestimmte Bilder oder Poster (z. B. ein Landschaftsmotiv) an den Wänden.

# Balkon und Terrasse

Nach Professor Jes Lim gelangen 80 Prozent des Chi gar nicht erst in die Wohnung, weil es durch die Hauswände abgeblockt wird. Glücklich können sich daher diejenigen schätzen, die auf einem Balkon oder einer Terrasse ausgiebig Chi tanken können. Sollten Sie zu ihnen gehören, dann zögern Sie nicht, diese kostbare Oase gemütlich und einladend zu gestalten.

## TIPPS

■ Statten Sie Ihren Balkon/Ihre Terrasse mit bequemen Sitz- und Liegemöbeln aus.
■ Schützen Sie sich mit Schirm und/oder Markise vor Wind und übermäßiger Sonneneinstrahlung.
■ Verstärken Sie das Chi noch durch Topf- oder Kübelpflanzen.

# Der Abstellraum

Im Abstellraum (Dachboden, Keller) werden häufig nicht benutzte Gegenstände aufbewahrt, die man später vielleicht doch wieder brauchen kann. Da der Mensch eine angeborene Neigung zum Sammeln hat, bemerkt er oft nicht, dass viele der hier gehorteten Dinge eigentlich überflüssig geworden sind.

## TIPPS

■ Geben Sie von den Gegenständen, die sich angesammelt haben, möglichst viel weg, denn alle nicht benutzten und gestapelten Dinge stauen das Chi und schwächen es. Das Chi braucht aber Zwischenräume und »Schneisen«, um fließen zu können.
■ Stellen Sie fest, in welchem Bagua-Feld der Abstellraum liegt – im Bereich »Familie«, »Wohlstand« oder »Kinder«? Beobachten Sie, ob jemand in Ihrer Familie in diesem Bereich Probleme hat: Sie könnten durch zu viel »Gerümpel« verursacht sein.
■ Befreien Sie sich von Altlasten der Vergangenheit durch eine Entrümpelungsaktion! Misten Sie gründlich aus: »Aufbewahrungsecken« in anderen Zimmern, Schränke, Kammern, unbenutzte Räume, die von den inzwischen ausgezogenen Kindern bewohnt wurden.

**Entrümpeln und Recyceln bringen das Chi in Bewegung, weil es mit dem ausgesonderten Gegenstand in eine neue Umgebung versetzt und so Platz »vor Ort« geschaffen wird.**

# Raumkombinationen

**In kleinen Wohnungen wird das Chi oftmals blockiert, weil der verfügbare Platz schnell mit Einrichtungsgegenständen voll gestellt ist. Dennoch können Sie mit Feng-Shui-Hilfsmitteln den Raum so aufteilen, dass der Chi-Fluss erhalten bleibt.**

Wenn Sie nur einen Raum – beispielsweise, weil Sie zur Miete wohnen – zur Verfügung haben, sollten Sie versuchen, wenigstens Wohn- und Schlafbereich voneinander zu trennen, denn Wachsein und Schlafen beinhalten auch unter dem Aspekt des Biorhythmus zwei grundsätzlich verschiedenen »Aktionsmuster«. Ihr Nachtschlaf ist dann auf jeden Fall erholsamer und gesünder. Unterteilen Sie den Raum durch einen Vorhang, ein Regal, Stufen, einen freien Zwischenraum, Pflanzen, einen Paravent o. Ä. Und auch wenn Ihnen die Möbel des Vermieters nicht gefallen, so können Sie doch durch Umstellen und die Verwendung von Decken und Tüchern Struktur in Ihr Zuhause bringen und ihm ein nach Tätigkeitsbereichen variierendes »Gesicht« geben.

### TIPPS

■ Setzen Sie gezielt Akzente durch bunte Kissen und andersfarbige Übergardinen.

■ Nutzen Sie die unterschiedliche Wirkung der Farben, um Ihrem Wohn- und Schlafbereich eine anregende bzw. beruhigende Ausstrahlung zu geben.

■ Verwenden Sie nach Material und Farben verschiedene Bodenbeläge, um eine Abgrenzung der Tätigkeitsbereiche augenfällig und für sich selbst bewusst zu machen. Nutzen Sie dabei Ihre Intuition, welche Farben Ihnen gefallen und gut tun.

*Bei einer Einzimmerwohnung ist es ratsam, Wohn-, Arbeits- und Schlafbereich voneinander zu trennen. Dafür gibt es zahlreiche Gestaltungsmöglichkeiten wie z. B. Raumteiler oder Farbakzente.*

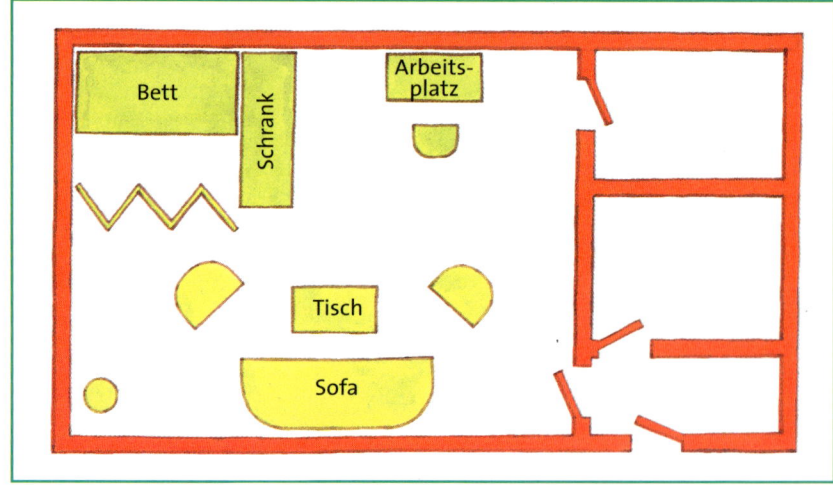

## WIE SIE DAS CHI IN IHRER WOHNUNG VERBESSERN

Verbesserungen des Chi – also Verstärkung, Harmonisierung – müssen Sie nicht in jedem Fall an der Stelle vornehmen, wo Sie eine Unstimmigkeit festgestellt haben und beseitigen wollen: Das Bagua-Prinzip lässt sich auf alle Flächen – gleich, welcher Größe – anwenden.

So können Sie beispielsweise auch die kleine Fläche einer Hand in die neun Bereiche aufteilen. Die Unterteilung in Bagua-Felder ist möglich bei einem Schreibtisch, einem einzelnen Zimmer, einer Wohnung, einem Haus, einem Stadtteil, einer ganzen Stadt, einem Land, einem Erdteil!

Wenn Sie also die beabsichtigten Verbesserungen nicht in dem betreffenden Wohnungsbereich durchführen können, weil dort beispielsweise ein anderes Familienmitglied, etwa der Sohn oder die Tochter, sein Reich hat (siehe hierzu auch das Fallbeispiel Seite 86), können Sie stellvertretend den entsprechenden Bereich eines anderen Zimmers ändern.

■ Wenn der Bereich »Karriere« in Ihrer Wohnung neu gestaltet werden soll, dort aber die Küche oder das Badezimmer liegt, die in ihrem Aufbau nicht veränderbar sind, nehmen Sie sich stattdessen den Bereich »Karriere« im Wohnzimmer oder im Esszimmer vor, wo Sie mit Leuchten und Pflanzen oder einem Aquarium das Chi verstärken.

■ Wenn auch dies nicht möglich ist, weil Ihnen sehr enge Grenzen gesetzt sind, können Sie das Bagua der Wohnung in einer Schublade oder einer Schuhschachtel nachbauen und dort die betreffende Ecke nach Wunsch gestalten.

■ Wenn Sie zu denjenigen Familienmitgliedern zählen, die kein eigenes Zimmer oder vielleicht nicht einmal eine Ecke in der Wohnung haben, die sie nach ihren eigenen Wünschen gestalten dürfen, können Sie ein Kissen zum Bagua umfunktionieren, bei sich tragen und es be-sitzen.

■ Verstärken Sie das Chi in dem für Sie wesentlichen Bereich, indem Sie die betreffende Kissenfläche mit Wasser besprengen, mit Salbei beräuchern, mit einem Symbol bemalen oder mit Ihrem Atem anhauchen.

**Das Bagua-Raster mit seinen neun Feldern ist ein Einteilungsprinzip, das sich auf beliebig große und kleine Flächen – sogar ein Kissen – anwenden und zur Verbesserung des Chi in Problembereichen nutzen lässt.**

Wenn Sie das neben-
stehende Experiment
einige Male wiederho-
len, werden Sie auch
Ihre eigene Wohnung
mit anderen Augen s-
ehen. Sie können dann
objektiver beurteilen,
was im Einzelnen
geändert werden muss.

## WIE SIE DIE AUSSTRAHLUNG EINER WOHNUNG TESTEN

Analytische Feng-Shui-Experten nehmen das Chi bestimmter Orte ohne Zuhilfenahme von technischen Geräten ausschließlich über ihren Körper wahr, den sie so sensibilisiert haben, dass sie feinste Schwingungen ausmachen können.

Das ist gar nicht so schwer, wie es zunächst erscheint, wenngleich eine gewisse Übung dazugehört, um diese Fähigkeit auszubilden. Sie können gleich damit anfangen. Genauso, wie Sie ein Gefühl für die Ausstrahlung eines anderen Menschen bekommen können, können Sie auch für die Ausstrahlung einer Wohnung einen Sinn entwickeln.

Führen Sie das folgende Experiment am besten durch, wenn Sie von einem Besuch in einer anderen Wohnung, bei Freunden z. B., zurückkehren. Wenn Sie es häufiger durchführen, werden Sie erleben, wie sich Ihr Wahrnehmungsvermögen verfeinert.

Horchen Sie in sich hinein!

**1. Wohnung**

– Welchen Gesamteindruck habe ich von der Wohnung?

– »Sagt« die Wohnung mir etwas?

– Spricht sie mich an?

– Wie habe ich mich in der Wohnung gefühlt?

– Fühlte ich mich geborgen, zufrieden, behaglich, beschwingt, angeregt, froh?

– Oder fühlte ich mich gelangweilt, unbehaglich, missmutig, fehl am Platz?

**2. Möbel**

– Hatte mein Gefühl mit der Platzierung und Anordnung der Möbel zu tun?

– Standen sie zu eng, zu weit auseinander, in einem spitzen Winkel zueinander?

– Waren es zu viel oder zu wenig Möbel?

– Waren sie in der Höhe zu ungleichmäßig?

– Wirkten sie zu massiv, erdrückend?

– Wirkten sie karg, zu unscheinbar?

– Oder waren die Platzierung, die Größe und die Anzahl der Möbel gerade richtig?

### 3. Farben und Muster
– Wie wirkten die Farben und Muster auf mich?
– Waren sie zu kräftig oder zu blass?
– Waren sie zu uneinheitlich, zu gleichförmig, zu gegensätzlich, zu nichtssagend?
– Oder waren sie harmonisch aufeinander abgestimmt?
– Gab es Hintergrund- und Akzentfarben?
– Gab es Kontraste?

### 4. Materialien
– Wie wirkten die Materialien auf mich?
– Waren sie schwer, leicht, glatt, grob, zerbrechlich, durchsichtig, unharmonisch, gleichförmig, künstlich?
– Oder waren sie natürlich abgestuft, stabil, grazil, zum Raum passend, organisch?

### 5. Formen
– Wie wirkten die Formen auf mich?
– Waren sie uneinheitlich, zu spitz, zu eckig, zu rundlich, zu dünn, zu kompakt, zu gleichförmig?
– Oder waren sie gut gemischt, abwechslungsreich, auf den Raum abgestimmt?

### 6. Raumgefühl
– Fühlte ich mich in meinem Bewegungsspielraum frei oder beengt?
– Fühlte ich mich an meinem Platz wohl?
– Befand ich mich zu dicht bei einer anderen Person, einem Möbelstück, einer Tür, einem Fenster, einem Vorhang?
– War ich zu weit weg von einer Wand, einer Ecke, einem größeren Möbel, einer Tür, einem Fenster?
– Befand ich mich genau in der richtigen Entfernung von ................?

### 7. Bewohner
– Welches Gefühl vermittelten mir die Bewohner, welche Ausstrahlung hatten sie auf mich?
– Wirkte er/sie unzufrieden, nervös, abwesend, gelangweilt, gestresst, überkontrolliert, voreingenommen, fremd in seiner/ihrer Wohnung?
– Oder wirkte er/sie herzlich, locker, präsent, zufrieden in seiner/ihrer Wohnung?

**Bei gewissenhafter Beantwortung der Testfragen wird es Ihnen gelingen, den Zusammenhang zwischen dem Einrichtungsstil einer Wohnung und dem Befinden ihres Bewohners/ihrer Bewohner zu erkennen. Nutzen Sie diese Einsicht für die Gestaltung Ihrer eigenen Wohnung!**

# Der Garten

Der Garten ist ein idealer Ort, um das Chi zum Verweilen einzuladen. Hier können Sie nach Herzenslust frei gestalten, während Ihnen in der Wohnung eher Einschränkungen auferlegt sind. Auch wenn Ihr Haus wahrscheinlich nicht die günstigste Lage hat mit einem Berg dahinter und einem Bach davor – im Garten können Sie Ihr eigenes Feng-Shui-Reich schaffen. Der »Berg« muss keine 1000 Meter hoch sein – eine Anhöhe von einem Meter, vielleicht mit einem Steingarten, eine hohe Hecke oder ein Gebüsch genügt schon. Ein »Bach« lässt sich in einem Bett aus Dachpfannen auf leicht geneigtem Untergrund anlegen; wenn möglich, sollte er auf Umwegen zu seinem Ursprungsort zurückkehren. Dort sollte das Wasser in das (von der Wasserleitung gefüllte) Quellbecken wieder hinaufgepumpt werden, so dass kein Verlust entsteht. Als Alternative empfiehlt sich ein kleiner Teich – vielleicht mit einem Springbrunnen –, der das Chi ebenfalls erhöht.

Zwischen »Berg« und Wasser können Sie eine Hütte bauen oder eine Sitzgelegenheit schaffen, die von allen Seiten mit Glück bringendem Chi versorgt werden. Pflanzen Sie Blumen mit entspannenden Farben, wie z. B. blaue Iris oder rosa Astern.

**Die Gestaltung des Gartens beginnt mit der Raumaufteilung. Insbesondere ist zu berücksichtigen, ob er aus vielen Beeten oder einer einzigen Fläche bestehen, im Ganzen überschaubar oder durch Hecken, Wälle, Büsche und Zäune untergliedert sein soll.**

*Auch im Garten findet das Bagua mit seiner Aufteilung in die verschiedenen Bereiche Anwendung.*

## Das Bagua im Garten

Das Bagua bietet viele Möglichkeiten für den Garten. Um das Bagua auf den Garten zu übertragen, wird mit dem Grundriss verfahren wie mit dem Wohnungsgrundriss (siehe Seite 15ff). Das Bagua wird so gedreht, dass der Garteneingang in einem der Bereiche »Wissen«, »Karriere«, »Freunde und Helfer« liegt. Widmen Sie dann dem Bereich besondere Fürsorge, in dem Sie Ihr Hauptproblem sehen, und gestalten Sie ihn Chi-gerecht.

### Der Bereich »Partnerschaft«

Liegt das Problem im Bereich »Partnerschaft«, werden dort rosa blühende Pflanzen, wie Tulpen, Pfingstrosen, Magnolien, Rosen oder Dahlien – am besten für jede Jahreszeit etwas – angesiedelt. Um die Zweisamkeit der Partnerschaft anzuregen, pflanzen Sie die Pflanzen stets paarweise. Dieser Bereich kann noch zusätzlich mit einem lauschigen Sitzplatz oder einer Steinfigur besonders romantisch gestaltet werden.
Bei der Zusammenstellung der Pflanzen muss natürlich auch darauf geachtet werden, ob die Pflanzen zusammen passen und welche Beschaffenheit der Boden hat.

**Manche Gärten haben zwei Zugänge: einen von der Straße und einen vom Haus her. Der am häufigsten benutzte gilt für den Besitzer oder Eigentümer als Haupteingang.**

### Der Bereich »Wohlstand«

In diesem Bereich ist fließendes Wasser sehr willkommen, denn es symbolisiert den Geldstrom. Soll der Wohlstand alle Jahreszeiten überdauern, pflanzt man immergrüne Gewächse. Pflanzen, die im Winter ihre Blätter abwerfen, bedeuten versiegenden Reichtum.

### Der Bereich »Kinder«

Wenn das Chi in diesem Bereich verstärkt werden soll, kann man die entsprechende Ecke im Garten kindgerecht mit Sandkasten, Klettergerüst und Schaukel gestalten. Auch Sand- oder Steinmodelle fördern das positive Chi. Die wirksamste Farbe für den Bereich »Kinder« ist Weiß.

### Der Bereich »Freunde und Helfer«

Für den Bereich »Freunde und Helfer« eignet sich besonders die Farbe Grau, die sich gut in Steinplatten oder graugrünen Moosen ausdrücken lässt. Auch hilfreiche Pflanzen – Gewürzpflanzen, Tee- und Heilkräuter – gehören in diese Ecke.

### Die Bereiche »Anerkennung« und »Karriere«

In beiden Bereichen sind rot blühende Pflanzen angebracht, die ergänzende Farbe Grün ist ohnehin reichlich vorhanden. Die Farbe Grau wiederum kann durch Steine eingebracht werden. Für diese Bereiche eigenen sich Pflanzen, deren Eigenschaften im Beruf besonders nötig sind: eine Buche für die Stärke, Heidekraut für die Zähigkeit und Lavendel für Ruhe und Gelassenheit. Ein Weg in diesen Bereichen symbolisiert den allgemeinen Weitergang.

### Der Bereich »Wissen«

In diesem Bereich lässt sich das Chi vor allem durch gelb oder violett blühende Pflanzen verstärken: Gelb regt den Geist an, Violett die Intuition. Richten Sie sich eine Sitzecke ein, in die Sie sich zur allgemeinen Besinnung oder zur Lösung eines konkreten Problems zurückziehen können.

### Der Bereich »Familie«

**Auch wenn die Bagua-Felder quadratisch sind, muss man deswegen seinen Garten nicht wie ein Schachbrett anlegen. Experimentieren Sie mit runden Rasenflächen, dreieckigen Steingärten oder schmalen Blumenrabatten.**

Gerade im Bereich »Familie« sollte natürlich für ausreichend Möglichkeiten zum Zusammensein gesorgt werden. Ein Sitzplatz oder eine Laube – die dann aber nicht zum Abstellraum für Düngersäcke und Gartengeräte degradiert werden sollte – schaffen eine Atmosphäre der Intimität und Geborgenheit. Besonders zu empfehlen ist es, diesen wichtigen Bereich durch ein paar Stufen oder einen Rosenbogen vom übrigen Teil des Gartens abzutrennen. Rosen sind Sinnbilder der Liebe und gehören daher ganz besonders in diesen Bereich.

### Der Bereich »Tai Chi«

Hier ist es wichtig, dass der Bereich auch optisch ein ausgleichender Mittelpunkt ist, vielleicht mit einer Säule, einem Ruheplatz, einem Teich, einem Baum oder einem runden Beet mit Blumen.

### GARTENTIPPS

Am besten beginnen Sie mit der intensiven Ausgestaltung zunächst in den ein oder zwei Bereichen, in denen die größten Probleme existieren. Die anderen können in den folgenden Jahren allmählich auf- oder umgebaut werden. Man sollte nicht vergessen, dass das einmal Geschaffene Pflege und Zuwendung braucht. So müssen kränkelnde Pflanzen beobachtet und behandelt werden. Sie können in die Pflanze hineinspüren, was ihr fehlt. Wenn sich eine Pflanze allerdings nicht erholt, muss man sie entfernen, denn sterbende oder bereits abgestorbene Pflanzen verbreiten ungünstiges Chi.

Der Phantasie sind im Garten keine Grenzen gesetzt – allein die natürliche Gegebenheiten wie Bäume, Sträucher, Kräuter, Gras, Steine, Sand, Hügel und Senken bieten eine Vielfalt an Gestaltungsmöglichkeiten. Man kann sich ihrer bedienen, um Schwerpunkte zu

*Der Garten ist ein Bereich, der viel gutes Chi anzieht und zum Verweilen einlädt.*

schaffen – eine Sitzmöglichkeit, ein rundes Beet mit blühenden Blumen oder einen Teich, der auch immer ein besonderer Blickfang ist. Wenn Sie Fische einsetzen wollen, überlegen Sie, wo und wie diese überwintern sollen. Einige Arten können bei entsprechender Wassertiefe im Teich bleiben, für die anderen brauchen Sie eine andere Lösung. Grundsätzlich sollten Teiche und auch Swimmingpools möglichst wenig Ecken haben, denn runde Formen leiten günstiges Chi zum Benutzer. Nicht nur die Teiche müssen ab und zu gereinigt werden, sondern auch der übrige Garten, denn herumliegende Äste und abgestorbene Pflanzen schwächen das Chi.

Schön ist es auch, den Garten mit einen bunten Sonnenschirm, durch Tongefäße, Rosenkugeln oder Windlichter zu beleben. Eines ist noch ganz wichtig: Haben Sie Geduld, denn ein Garten wächst langsam, und es braucht seine Zeit, bis Vögel und Schmetterlinge dort ihre Heimat finden.

**Form und Größe von Beeten oder der Verlauf der Wege lassen sich immer wieder abwandeln. Bringen Sie eine besonders schön blühende Pflanze zur Geltung, oder nutzen Sie ein lauschiges Plätzchen als Sitzgelegenheit.**

# Feng Shui im Beruf

Das Garten-Bagua verweist uns auf den Ursprung des Feng Shui in der Natur zurück: Wörtlich übersetzt heißt Feng Shui nämlich »Wind und Wasser«. Dies erinnert an die chinesischen Bauern, die Wind und Wasser beobachteten, um ihren Einfluss auf das Heranreifen der Ernte festzustellen. Ebenso versuchten sie, die Bedeutung der Lage eines Feldes für den Ertrag herauszufinden.

Später machten sich auch Kaufleute deren Erkenntnisse für ihren Beruf zunutze. Heute lassen sich fast alle Feng-Shui-Regeln auf unsere moderne Arbeitswelt übertragen. Davon können auch Sie profitieren.

**Die Umgebung ist von entscheidender Bedeutung für den Erfolg eines geschäftlichen Unternehmens. Vor allem die Lage eines gewerblich genutzten Gebäudes entscheidet darüber, ob der Inhaber mit Gewinn oder Verlust arbeitet.**

## Geschäfte und Restaurants

Die Maßnahmen und Hilfsmittel zur Verbesserung des Chi, wie sie im ersten Kapitel erläutert wurden, lassen sich an jedem Arbeitsplatz anwenden, beispielsweise in einem Geschäft oder Restaurant. Grundsätzlich sollten Sie die folgenden Regeln beachten.

**Regel 1:** Ein Geschäft oder Restaurant soll gut sichtbar und nicht etwa im Hinterhof versteckt sein, damit die Kunden es leicht finden können. Großflächige Hinweisschilder wecken zusätzlich ihre Aufmerksamkeit.

**Regel 2:** Ein Geschäft oder Restaurant soll gut erreichbar sein, also an einer Straße mit Bürgersteigen und in der Nähe einer Bus-, Straßenbahnhaltestelle oder Eisenbahnstation liegen. Außerdem soll ein ausreichend großer Parkplatz den Kunden unnötigen Zeitverlust ersparen.

**Regel 3:** Ein großer, sich weit öffnender Eingang zieht die Kundschaft in das Gebäude hinein. Ein enger Eingang hingegen ist energetisch unvorteilhaft und lädt weniger Kunden ein.

**Regel 4:** Natürliches Licht und frische Luft lenken Glück bringendes Chi ins Gebäude. Daher gehen die Geschäfte in einem überdachten Einkaufszentrum, in dem den ganzen Tag bei künstlichem Licht gearbeitet wird, nicht so gut wie in einem an der offenen Straße. Auch in Gebäuden ohne Fenster muss deshalb das Chi durch Hilfsmittel verstärkt werden.

**Die Münzen können auch an die Kasse oder auf das Kassenbuch geklebt werden, wobei immer ein rotes Seidenband als verbindendes Element zwischen den Münzen dabei sein sollte.**

**Regel 5:** In einem Restaurant kommt es darauf an, dass der Gast einen angenehmen Platz findet, an dem er sich wohl fühlt. Der Geschäftsführer eines Restaurants sollte darauf achten, dass – ähnlich wie im Großraumbüro – der gesamte Raum in kleinere Einheiten und Sitzecken aufgeteilt ist, so dass möglichst viele Gäste mit dem Rücken zur Wand sitzen und mit einem Gefühl der Sicherheit speisen können.

**Regel 6:** Die Kasse soll im Zentrum des Chi-Stromes stehen, der die Kunden und damit den »Reichtum« durch das Geschäft führt. Neben der Geschäftskasse (oder auch im Bereich »Wohlstand« zu Hause) sollen Münzen aufgehängt sein: Dies regt ebenfalls den Geldfluss an. Diesem Zweck dienen die alten chinesischen Münzen mit einem viereckigen Loch in der Mitte. Man kann sie zu dreien an einem roten Band oder zu mehreren zur Kugel gebunden aufhängen.

**Regel 7:** In Ladengeschäften soll der Weg den Kunden nicht geradewegs von der Ladentür bis zur Hinterwand des Geschäfts führen, denn eine solche geradlinige Schneise übt eine unsichtbare Sogwirkung aus und zieht die Energie und damit den Kunden allzu schnell ans Ende des Raumes.

Die Regale und Tische sollen vielmehr so angeordnet sein, dass sie den Kunden auf gewundenen Wegen durch den Raum und zu allen Angeboten hin führen. Dann kauft er mehr (was inzwischen auch die Werbepsychologen herausgefunden haben). Besondere Blickfänge, wie starkfarbige Gegenstände oder Auslagen auf vorgezogenen Sondertischen, die in den Gang hineinragen, sollen den Käufer zum Verweilen einladen.

**Weitere Regeln:** Im Übrigen gelten dieselben Regeln wie für den Standort von Wohnhäusern: Restaurants, Geschäfts- oder Ladenlokale sollen nicht am Kopfende einer Sackgasse oder an einer T-Kreuzung liegen, nicht im Bereich spitzer Dachecken von Nachbarhäusern oder von Licht- und Telegrafenmasten, Fabrikschornsteinen oder Hochhäusern.

Hinter dem Haus kann anstelle eines Berges, eines Hügels oder einer natürlichen Erhebung auch ein größeres, lang gestrecktes Gebäude Rückhalt und Unterstützung geben.

Vor dem Haus kann anstelle eines Baches eine Straße Chi heranführen. Auch eine Fußgängerzone sorgt für lebhafte Bewegung und Chi-Fluss.

Ungünstig ist hingegen eine Schnellstraße, denn infolge des hohen Tempos wird das Chi am Gebäude vorbeigerissen und kann nicht in die Geschäftsräume einkehren.

## TIPPS

**Beleuchtung:** Der Geschäftsführer sollte für möglichst helles Licht im Laden sorgen und in dunklen Ecken Extralampen aufstellen. Diejenigen Regale, auf deren Sonderangebote die Käufer aufmerksam gemacht werden sollen, müssen besonders gut beleuchtet sein. Die Schaufenster sollten auch in den späten Abendstunden hell erstrahlen und die Lampen über Nacht wenigstens teilweise weiterbrennen. All diese Maßnahmen verstärken das Chi und fördern den Geschäftserfolg.

In Restaurants wird manchmal mit schwachen Birnen ein so genannter Glühwürmcheneffekt erzeugt, weil der Inhaber meint, die Gäste fühlten sich in einer schummrigen Atmosphäre besonders wohl. Dies mag für romantisch gestimmte Liebespaare gelten; der »normale« Gast jedoch möchte gern sehen, was auf seinem Teller ist und was er zum Mund führt. Das Innere des Restaurants und die Tische sollten deshalb gut beleuchtet sein. Durch geeignete Lampenschirme kann dafür gesorgt werden, dass das Licht die Gäste nicht blendet.

**Bewegung:** Bewegung erzeugt Chi. Wir alle haben schon beobachtet, dass Menschen wie magisch angezogen werden, wenn sich in einem Schaufenster etwas bewegt, ob das nun ein sich drehender Christbaum ist, ein nickender Kopf oder eine Laufschrift.

■ Für wenig Geld lässt sich ein hin und her gehendes Pendel oder eine Spielzeugeisenbahn installieren, die natürlich mit dem Angebot in Zusammenhang stehen oder eine Werbebotschaft transportieren müssen.

■ Ein passendes und nützliches Dekorationselement sowohl für Geschäfte als auch für Restaurants sind z.B. Miniplakatsäulen (ungefähr 45 bis 80 Zentimeter hoch), die sich langsam drehen, von innen beleuchtet sind und zugleich auf aktuelle Angebote des Geschäftes verweisen.

■ Aquarien mit Zierfischen oder auch mit Plastikfischen und Zimmerspringbrunnen laden ebenfalls Geschäftsräume und Restaurants energetisch auf, da sie – wie bereits im ersten Kapitel beschrieben – eine elementare Chi-Quelle sind.

**Die Gänge zwischen den Regalen oder Tischen müssen so breit sein, dass das Chi und die Kunden gut hindurchkommen können. In zu engen Gängen staut sich das Chi: Kundenstrom und Geldfluss werden blockiert.**

# Das Büro

Mit den Hilfsmitteln des Feng Shui lassen sich auch Büroräume (um)gestalten. Wer sein Büro in der Firma mit einem Mitarbeiter teilen muss, ist dabei in der Chi-gerechten Einrichtung eher eingeschränkt – es sei denn, er ist ein »Gesinnungsgenosse« – also jemand, der sein Büro im eigenen Haus hat. Grundsätzlich sind die folgenden Regeln zu beachten.

**Regel 1:** Der Schreib- oder Computertisch soll so stehen, dass der Arbeitende die Tür im Blickfeld hat. Wenn er die Tür im Rücken hat, weiß er nicht, wer hereinkommt und was sich hinter ihm abspielt – er fühlt sich also verunsichert.

**Regel 2:** Hinter dem Rücken des Arbeitenden soll sich eine Wand befinden, die ihm Rückhalt und Unterstützung gibt. In einem Großraumbüro wird dies meist nicht möglich sein. Manche Firmen sind jedoch dazu übergegangen, große Räume durch halbhohe Stellwände zu unterteilen oder durch Pflanzenkübel Nischen zu schaffen, in denen die Mitarbeiter sich geborgener fühlen.

**Regel 3:** Bei der Arbeit am Bildschirm soll man immer einen oder mehrere Kristalle vor sich liegen haben. Wie Professor Jes Lim nachgewiesen hat, wird dadurch die schädliche Strahlung von Computern zerstreut.

**Regel 4:** Wenn man andere Arbeiten im Büro verrichtet, schützt man sich vor der Strahlung von Computern und Büromaschinen am besten dadurch, dass man einen Schrank, eine größere Pflanze oder eine Stellwand zwischen der Strahlenquelle und dem Aufenthaltsbereich platziert. Falls das nicht möglich ist, soll man seinen Arbeitstisch mit Computer in eine möglichst entfernte Ecke rücken.

**Regel 5:** Ein Fenster unmittelbar hinter dem Arbeitenden gilt als nachteilig, weil ihn dort das hereinfließende Chi unmittelbar trifft; man soll in diesem Fall den unteren Bereich des Fensters mit Pflanzen oder Aufklebern teilweise verkleiden.

**Regel 6:** Der Arbeitsplatz soll gut mit Licht versorgt sein. Es darf aber nicht blenden, da sonst längerfristig Kopfschmerzen, Müdigkeit und auch Augenschäden auftreten können. Durch Jalousien oder Lampenschirme lässt sich die Lichteinstrahlung regulieren. Beim Lesen oder bei feinmechanischen Arbeiten soll das Licht von hinten oben auf das Buch bzw. die Arbeitsstelle fallen.

**Ein Fenster kann nicht die schützende Wand im Rücken ersetzen, besonders dann nicht, wenn vor dem Fenster eine belebte Straße verläuft. Die Bewegungen draußen beeinträchtigen die Konzentrationsfähigkeit.**

*Auch im Büro ist es rat-
sam, mit Raumteilern zu
arbeiten und z. B. den
Schreibplatz vom Com-
puter zu trennen.*

## TIPPS

▰ **Farben:** Zur farblichen Gestaltung des Büros empfehlen sich Türkis, weil es die Computerstrahlung neutralisiert, und Gelb, weil es das Denken anregt.

▰ **Bagua-Raster:** Der Schreibtisch oder die Arbeitsfläche kann mit Hilfe des Bagua in die neun Felder eingeteilt und Feng-Shui-gerecht gestaltet werden.

■ Die Sitzseite am Schreib- oder Arbeitstisch entspricht den Bereichen »Wissen«, »Karriere« und »Freunde und Helfer« (von links nach rechts).

■ Telefon und Fax stehen am günstigsten im Bereich »Anerkennung« oder »Freunde und Helfer«, da Sie mit diesen Geräten in Kontakt mit Personen treten, von denen Sie sich eine positive Einstellung erhoffen.

■ Der Taschenrechner, der Notizblock oder Schriftstücke, die Entscheidungen erfordern, finden im Bereich »Karriere« ihren bevorzugten Platz.

■ Nachschlagewerke und das Diktiergerät passen am besten in den Bereich »Wissen«.

■ Falls Sie ein Foto auf dem Schreibtisch platzieren wollen, wählen Sie – je nachdem, wen es darstellt – entweder den Bereich »Familie«, »Kinder« oder »Partnerschaft«.

**Die Farbe Gelb regt nachweislich die Verstandestätigkeit an und lässt die Ideen sprudeln. Besonders geistig und künstlerisch tätige Menschen sollten sich daher von Gelbtönen in ihrem Büro inspirieren lassen.**

Der Feng-Shui-Messstab
ist 43,2 Zentimeter lang
und hat insgesamt 32
Abschnitte. Mit der glei-
chen Einteilung gibt es
auch Lineale, Band-
maße und zusammen-
klappbare Zollstöcke.

## GÜNSTIGE UND UNGÜNSTIGE MAßE

Das Feng Shui kennt vorteilhafte und nachteilige Maße für Gegenstände. Diese können Sie auf dem so genannten Feng-Shui-Metermaß ablesen, das Sie als Beigabe zu diesem Buch finden. Es zeigt
Ihnen, ob ein Tisch, ein Schrank oder sonst ein Möbelstück oder
Gerät günstige oder ungünstige Ausmaße hat. Sie können auch
das Format von Visitenkarten, Briefumschlägen oder Schreibpapier
überprüfen und – soweit möglich – korrigieren.

**Die Abschnitte auf dem Feng-Shui-Metermaß**
Das Feng-Shui-Metermaß ist in acht – vier günstige, vier ungünstige – Abschnitte eingeteilt, deren Abfolge sich laufend wiederholt.
Jeder Abschnitt misst 5,4 Zentimeter und gliedert sich in vier Unterabschnitte zu je 1,35 Zentimetern.
Hier die acht Abschnitte mit ihren Namen und die Unterabschnitte
mit ihren jeweiligen Bedeutungen, exemplarisch dargestellt für
den Bereich von 0 bis 43,2 Zentimetern.

| Abschnitt | Name | Bedeutungen |
| --- | --- | --- |
| 0 – 5,4 cm | CHAI (günstig) | Glück mit Geld; ein Safe voller Juwelen; sechs Arten von Glück; Überfluss |
| 5,4 – 10,8 cm | PI (ungünstig) | Geldverluste; rechtliche Probleme; unvorteilhafter Ortswechsel; eventuelle Trennung |
| 10,8 – 16,2 cm | LI (ungünstig) | Kleinere Unfälle; Geldverluste; Sie werden mit unehrenhaften Leuten zu tun haben; Diebstähle |
| 16,2 – 21,6 cm | YI (günstig) | Glück mit Kindern; unerwartetes zusätzliches Einkommen; ein sehr erfolgreicher Sohn; Erfolg |
| 21,6 – 27,0 cm | KWAN (günstig) | Leichtigkeit im Bestehen von Prüfungen; spezielles oder spekula-tives Glück; ein verbessertes Ein-kommen; hohe Ehren für die Familie |

| Abschnitt | Name | Bedeutungen |
|---|---|---|
| 27,0 – 32,4 cm | CHIEH (ungünstig) | Irgendeine Trennung; Einkommensminderungen; Verleumdungen; Geldverluste |
| 32,4 – 37,8 cm | HAI (ungünstig) | Unangenehme Einflüsse durch höhere Gewalt; Trennung, Krankheit; Streitigkeiten |
| 37,8 – 43,2 cm | PUN (günstig) | Geldsegen; Glück in Prüfungen; viele Juwelen; überschwänglicher Reichtum |

Die Reihenfolge wiederholt sich ab 43,2 Zentimetern: von 43,2 bis 86,4, von 86,4 bis 129,2, von 129,6 bis 172,8 Zentimeter usw.

### Die Anwendung des Feng-Shui-Metermaßes

Wenn Sie ein Feng-Shui-Metermaß selbst anfertigen wollen, nehmen Sie ein normales Metermaß oder Lineal und tragen die oben genannten Abschnitte darauf ein. Färben Sie die günstigen Bereiche rot oder gelb und die ungünstigen grau.

Probieren Sie das Metermaß aus, indem Sie die Breite eines Tisches messen: Legen Sie bei 0 an der einen Kante an, und sehen Sie, ob die gegenüberliegende Kante in einen roten Abschnitt fällt – dann ist die Breite günstig; im grauen Bereich ist sie ungünstig.

### Möbel vergrößern oder verkleinern

Hier ein paar Tipps, wie Sie die Ausmaße von Möbeln korrigieren können, so dass sie im günstigen Bereich liegen.

■ Passen Sie die Höhe Ihres Schreibtisches durch Auflegen einer zweiten Arbeitsplatte oder durch Unterlegen von Leisten unter die Standfläche bzw. durch Verkürzen der Beinlänge an.

■ Erhöhen Sie Ihre Sitzposition auf dem Stuhl durch Unterlegen von Kissen.

■ Verbreitern Sie (Kleider-)Schränke, indem Sie an die Rückwand Styroporplatten kleben, die im Handel bis zu 10 Zentimeter Breite erhältlich sind.

Beim Kauf von neuen Möbeln, Gardinen oder Tischdecken sollten Sie in Zukunft schon vorab auf die richtigen Maße achten.

**Auch die Feng-Shui-gerechten Abmessungen von Türen und Fenstern, Hauswänden, Zufahrtswegen und Grundstücksgrenzen sind wichtig, ebenso die Maße von Fensterläden, Balkons, Garagen und Gartenzäunen.**

# Unterwegs und auf Reisen

Das moderne Berufsleben verlangt mehr Mobilität, als dies in früheren Zeiten der Fall war. Dem trägt auch das auf westliche Verhältnisse übertragene Feng Shui Rechnung. Gleichgültig, ob Sie auf einer Geschäftsreise im Hotel nächtigen müssen, mit dem Auto oder Zug unterwegs sind – immer haben Sie die Möglichkeit, für ein günstiges Chi zu sorgen.

## Hotelzimmer

**Um sich vor Elektrosmog zu schützen, sollten Sie den Radiowecker, das Fernsehgerät und andere Elektrogeräte möglichst weit vom Bett entfernen und sie so hinstellen, dass sie mit der Vorderseite nicht zum Bett, sondern zur Seite gerichtet sind.**

Gerade in Hotelzimmern sammelt sich allerlei Chi an, oft auch als Ausfluss der sorgenvollen oder negativen Gedanken, die die Übernachtenden dort gehegt haben. Um ein günstiges Chi zu schaffen, sind folgende Gesichtspunkte zu berücksichtigen.

■ Eine sorgfältige Raumklärung durch Händeklatschen verbessert den Schlaf.

■ Eine zusätzliche Energetisierung durch die vier Elemente bringt frisches Chi in den Raum.

■ Einen Spiegel, der direkt auf das Bett gerichtet ist, hängt man am besten mit einem Badetuch zu.

■ Bei der Wahl des Hotels sollte auch geprüft werden, ob nicht in der Nähe befindliche Gebäude mit negativer Ausstrahlung die Nachtruhe beeinträchtigen könnten.

## Fahrzeuge

Für PKWs und LKWs kannten die alten Chinesen natürlich noch keine Feng-Shui-Regeln; jedoch kann man aus den Bedingungen für die Lage und Einrichtung von Häusern ableiten, was auch in modernen Fortbewegungsmitteln vorteilhaft bzw. nachteilig ist. Grundsätzlich ist zu beachten, dass das Innere von Kraftfahrzeugen während der Fahrt bei hohen Geschwindigkeiten Chi-arm ist, weil es nicht eindringen kann.

■ Ein Parkplatz in der Mitte, wo das Auto von vielen anderen umstellt ist, eignet sich weniger als einer am Rand, wo das Chi aus der Natur noch nicht verbraucht ist.

■ Die dem Verkehr zugewandte Seite, z. B. auf Autobahnrastplätzen, ist ungünstig, da das Chi mit großer Geschwindigkeit vorbeisaust, während es auf der dem Verkehr abgewandten Seite gemächlich dahinströmt und Zeit hat, in das Fahrzeug einzukehren.

■ Eine Verstärkung des vorteilhaften Chi erfährt das Innere des Wagens durch Schutzsymbole.

■ Auch Musik aus dem Autoradio oder eine frisch geschnittene Blume am Armaturenbrett verstärkt das Chi.

■ Regelmäßige Pausen während langer Autofahrten helfen dem Fahrer, außerhalb des Wagens Luft und frisches Chi zu tanken.

■ Für die Farben im Fahrzeuginneren lassen sich keine allgemein gültigen Regeln aufstellen, mit einer Ausnahme: Von einer schwarzen Innenausstattung ist wegen der deprimierenden Wirkung dieser Farbe abzuraten. Ansonsten kommt es auf den jeweiligen Persönlichkeitstyp an. Neigt der Fahrer zu Nervosität, sollte er Rot meiden und lieber eine »kühle« Farbe, wie z. B. Blau, wählen. Umgekehrt sollten Menschen, die beim (längeren) Fahren leicht ermüden, anregenden Farben den Vorzug geben.

**Der Chi-Lehre von den Farben (siehe Seite 37ff.) sollten Sie auch als Autofahrer bei der Innenausstattung Ihres Wagens Rechnung tragen. Verzichten Sie auf jeden Fall auf die »Todesfarbe« Schwarz!**

## Plätze in Kantine und Bar

Bars und Theken in Imbissstuben sind oft so eingerichtet, dass die Bedienung an einer Wand steht und die Sitzplätze (halb)kreisförmig angeordnet sind – die Gäste sitzen also mit dem Gesicht zur Bedienung und mit dem Rücken zum offenen Raum.

*In Bars und Restaurants ist es üblich, dass die Gäste mit dem Rücken zum offenen Raum sitzen – die meisten Menschen würden sich wohler fühlen, den Rücken einer Wand zuzukehren.*

■ Für alle Räume, in denen berufsmäßig Reisende sich unterwegs aufhalten, gilt das Gleiche wie für den Arbeitsplatz: Sie fühlen sich wohler und sicherer, wenn sie beim Sitzen eine Wand im Rücken und die Tür im Blickfeld haben.

## Praxisräume, Krankenzimmer, Veranstaltungsorte

Sehr wichtig ist die Feng-Shui-gerechte Gestaltung von Räumen, in denen sich mehrere Menschen aufhalten, besonders im Rahmen von Dienstleistungsberufen.

■ Ärzte und Therapeuten sollten eine ruhige, ablenkungsfreie Umgebung für ihre Arbeitsräume wählen, damit die Patienten sich konzentrieren bzw. entspannen können.

**Andere Affirmationen können sein: »Mehr Strebsamkeit/Verantwortungsbewusstsein/Einsatzbereitschaft/Verständnis sei in diesen Räumen.« Sie können auch den Wunsch nach Dauerhaftigkeit Ihrer Zielvorstellungen betonen.**

### WIE SIE DAS CHI IM BERUF HARMONISIEREN

In Büroräume und noch mehr in Dienststellen mit regelmäßigem Publikumsverkehr, in Ladengeschäfte und Restaurants werden durch das Kommen und Gehen der vielen Menschen ständig vielerlei Chi-Arten hereingetragen. Um eine harmonische Atmosphäre zu schaffen und zu erhalten, können Sie die Energie in einem Büro, einer Praxis, einem Ladengeschäft oder einem Restaurant ebenfalls durch Händeklatschen reinigen.

■ Überlegen Sie sich zunächst einen passenden Wunsch für die Arbeitsstätte, z. B. »Zusammenarbeit und Erfolg sei in diesem Raum/diesen Räumen«. Wenn Sie nicht mit dem Verständnis der übrigen Mitarbeiter rechnen können, wählen Sie für das Reinigungsritual eine Zeit vor Dienstbeginn oder nach Dienstschluss, wenn Sie den Raum/die Räume für sich allein haben.

■ Damit die Reinigung wirklich durchgreifen kann, ist es wichtig, dass vorher aufgeräumt wird: Alte Akten kommen in die Registratur, Ladenhüter in den Keller oder in den nächsten Ausverkauf. Unordnung herrscht auch oft im Computer. Sind die vorliegenden Dateien auf dem letzten Stand? Oder werden sie nicht mehr gebraucht? Sind sie so unter Oberbegriffen oder Stichworten angeordnet, dass Sie sie schnell finden? Oder erfordert der Zugriff längeres Suchen? Auch hier waltet das Chi, und Sie können ihm durch Aussortieren von überholten Daten den Weg erleichtern.

Darüber hinaus gilt für Ärzte und Therapeuten in ihrem Beruf besonders, was im folgenden Kapitel über die menschliche Seite gesagt wird (siehe Seite 80ff.). Sofern sie Tag für Tag in denselben (Praxis-)Räumen arbeiten, sollten sie die Regeln beherzigen, die im vorigen Kapitel erwähnt wurden.

■ In Krankenzimmern sammelt sich viel belastendes Chi an; daher sollte möglichst oft eine Raumklärung vorgenommen werden – mindestens einmal jede Woche, in Sonderfällen, das heißt bei schweren Erkrankungen, sogar jeden Tag.

■ Eine Raumklärung ist ebenfalls allen Berufstätigen mit wechselnden Einsatzstellen und verschiedenen Veranstaltungsorten zu empfehlen. Am besten reinigt man jeden Raum, bevor man z. B. einen Workshop abhält; dies fördert die Gruppendynamik.

■ Menschen, die nicht in einem bestimmten Raum arbeiten, sondern dauernd unterwegs sind, wie z. B. Briefträger, Lagerarbeiter in großen Hallen oder Aufseher von Anlagen wie Druck-, Spinn-, Abfüllmaschinen usw., sollten nach Möglichkeit »mit dem Chi gehen«, das heißt dem Fluss des Chi folgen, bei Staus oder Engpässen sich vorsichtig einen Weg suchen oder sie umgehen und nicht mit Gewalt Hindernisse beseitigen wollen. Diese Taktik kennen wir aus dem Straßenverkehr als »defensives« Fahren.

**Von angestautem Chi gereinigt werden müssen auch Gymnastik- und Umkleideräume in Fitnesscentern, Warenlagern, Fahrzeugparks sowie Geräte- und Requisitenkammern.**

# Die Signale des Wohnungs-Bagua

Der berufliche Erfolg wurzelt nicht nur im Bereich »Karriere«, sondern auch die Bereiche »Wohlstand«, »Wissen« und »Anerkennung« begünstigen ihn. Er hängt entscheidend davon an, wie diese Bereiche zu Hause in der Wohnung des Berufstätigen beschaffen und gestaltet sind. Sie sind eng miteinander verflochten, so dass man eigentlich keinen isoliert betrachten kann.

■ Wenn jemand z. B. zu Wohlstand kommen will, muss er in seinem Beruf Karriere machen, das heißt als Angestellter in einem Betrieb oder bei einer Behörde alle paar Jahre einen höheren Posten übernehmen.

■ Dies wird ihm aber nur gelingen, wenn er Anerkennung bei seinen Vorgesetzten findet. Zu diesem Zweck muss er sich das nötige Wissen aneignen, und zwar sowohl Fachwissen als auch »taktisches« Wissen darüber, womit er seine(n) Vorgesetzten beeindrucken kann.

### Beispiel: Die »Karriere« fehlt

B. L. ist 55 Jahre alt und war in der Personalabteilung eines großen Industriebetriebes angestellt. Er übte 25 Jahre lang dieselbe Tätigkeit aus, ohne auf der Karriereleiter höher zu steigen. Dann wurde er mit 53 Jahren »wegrationalisiert« – dies bedeutete für ihn das berufliche Aus.

Wenn wir uns den Grundriss seines Einfamilienbungalows näher ansehen, verwundert sein Scheitern unter Feng-Shui-Gesichtspunkten – besonders, was die Bedingungen für das Chi betrifft – nicht, denn das Bagua-Feld »Karriere« ist ausgefüllt von

a) dem Hauseingang

b) einer Abstellkammer, in der auch der Zentralheizungsofen installiert ist

c) dem Badezimmer

In der Konstellation »Wissen« – »Anerkennung« – »Karriere« – »Wohlstand« ist »Karriere« – was die Voraussetzungen für das Chi betrifft – ein glatter Ausfall, denn im Hauseingang zieht das Chi durch, in der Abstellkammer verstaubt es bzw. wird es »verheizt«, und im Badezimmer wird es fortgespült.

> **Vier Felder des Wohnungs-Bagua wirken sich entscheidend auf den beruflichen Erfolg aus: »Wissen«, »Anerkennung«, »Karriere« und »Wohlstand«.**

> *Es ist nicht verwunderlich, dass der berufliche Werdegang bei diesem Beispiel sehr zögerlich verlief – der Bereich Karriere liegt im ungünstigsten Teil der Wohnung.*

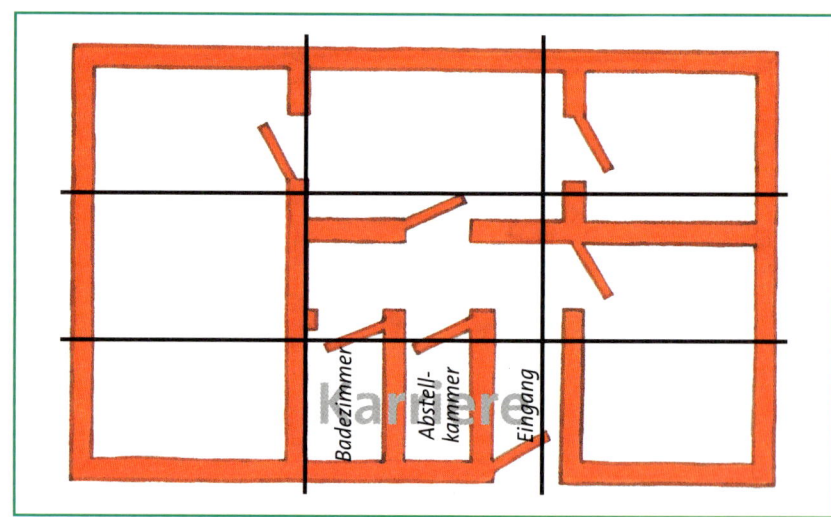

Zu Veränderungen im Bereich »Karriere« hat sich B. L. nicht aufraffen können. Sein »Schicksal« hat er inzwischen akzeptiert. Er hat seinen Beruf nie sonderlich geliebt, ist durch den Sozialplan des Industriewerkes großzügig abgefunden worden und genießt den Vorruhestand im Rahmen seiner Möglichkeiten.

## Beispiel: Erweiterung durch Spiegel im Feld »Karriere«

Herr N. war Angestellter in einem großen Betrieb. Seine Frau hatte, nachdem die erwachsenen Kinder ausgezogen waren und geheiratet hatten, Ladenräume gemietet und ein Geschäft für Geschenkartikel aufgemacht.

Bei einer Prüfung unter Feng-Shui-Gesichtspunkten zeigten sich im äußeren Bereich keine Mängel; weder lag das Geschäft in einer Sackgasse noch in der Nähe einer Polizeistation, eines Gefängnisses o. Ä., vielmehr befand es sich an einer Nebenstraße mit einigem Verkehr, vor allem auch Fußgängern, war gut sichtbar und hatte ein großes, hell beleuchtetes Schaufenster.

Dennoch kamen auch nach mehreren Jahren nur wenige Kunden, und die Fixkosten konnten kaum durch die Einnahmen gedeckt werden.

Eine Besichtigung der privaten Etagenwohnung ergab, dass hier der Bereich »Karriere« völlig fehlt. Der Raum dafür wird vom Treppenhaus eingenommen.

**Das Bagua-Raster lässt sich zwar auch auf Geschäftsräume übertragen, entscheidend aber sind – wie in dem nebenstehenden Beispiel gut zu erkennen ist – die Bereiche in der Privatwohnung.**

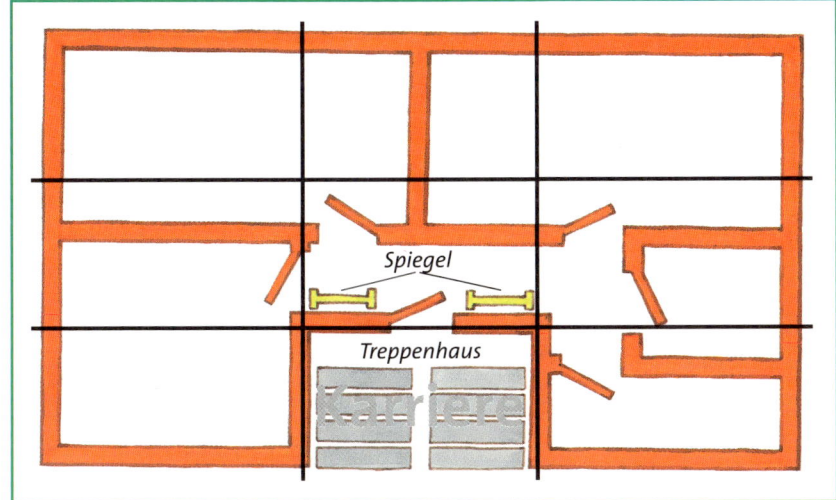

*Durch große Spiegel neben der Eingangstür vergrößert sich die Wohnung optisch, und der Bereich Karriere fehlt nicht mehr völlig.*

Seit kurzem haben die N.s rechts und links neben der Eingangstür große Spiegel aufgehängt, die die Wohnung optisch vergrößern und den Eindruck hervorrufen, als ob sich dort, wo eigentlich das Treppenhaus ist, ein weiterer Raum befände – sozusagen als Ersatz für den fehlenden Bereich »Karriere«.

Inzwischen beginnt sich langsam eine Besserung der Geschäfte abzuzeichnen.

**Regel 1:** Wenn Sie Probleme im Bereich »Wohlstand« haben, sollten Sie eine genaue Analyse der Ursachen vornehmen, um das Übel an der richtigen Wurzel zu packen; sonst setzen Sie mit Ihren Veränderungen womöglich unzureichende Signale.

■ Mangelt es Ihnen an Geld? In diesem Fall müssen Sie alle vier Bagua-Felder (»Wissen«, »Anerkennung«, »Karriere«, »Wohlstand«) aktivieren.

■ Kommen Sie in Ihrem Job einfach nicht vorwärts? Dann müssen Sie auf jeden Fall die Felder »Wissen«, »Anerkennung« und »Karriere« aktivieren.

■ Haben Sie das Gefühl, dass weder Ihr Chef noch die Kollegen Ihre Leistungen gebührend zu schätzen wissen? Dann müssen Sie die Felder »Wissen« und »Anerkennung« aktivieren. Wenn Sie den Bereich »Wissen« allein aktivieren, wird das zwar Ihre Kenntnisse erweitern, aber Sie werden damit nicht unbedingt berühmt oder reich (was allerdings manchen zurückgezogen lebenden Menschen ganz recht ist).

**Regel 2:** Überprüfen Sie, ob eines der vier genannten Bagua-Felder in Ihrer Wohnung ganz fehlt oder vielleicht nur teilweise vorhanden ist. Sollte das der Fall sein, vergrößern Sie das oder die Felder durch Spiegel.

**Regel 3:** Überlegen Sie, mit welchen der im ersten Kapitel genannten Hilfsmittel Sie das betreffende Bagua-Feld am wirkungsvollsten aktivieren können:

■ Durch andere Farben?
■ Durch Pflanzen?
■ Durch Licht?
■ Durch Symbole?
■ Durch Fotos und Bilder?
■ Durch Bewegung?
■ Durch ein Aquarium?
■ Durch einen Zimmerspringbrunnen?
■ Durch Reinigung?
■ Durch Zufuhr von frischem Chi?

*Der Bereich »Anerkennung« spielt eine Schlüsselrolle für den beruflichen Erfolg. Die beste fachliche Qualifikation nützt wenig, wenn die betreffende Person es nicht versteht, auf ihr Wissen und ihre Fähigkeiten aufmerksam zu machen und die gebührende Wertschätzung zu erlangen.*

Setzen Sie starke Mittel ein, wenn in dem Bereich tief greifende Änderungen notwendig sind, und schwächere Mittel, wenn Sie sich in dem Bereich schon als Herr der Lage fühlen und eigentlich nur noch der letzte Kick fehlt.

### Beispiel: Mehr Licht im Büro

Das Ehepaar L. hatte in einer Vorstadtstraße mit Fußgängerverkehr eine Boutique aufgemacht. Das Geschäft öffnete sich unmittelbar auf den breiten Bürgersteig, so dass die Kunden, vom Schaufenster angelockt, durch die ebenerdige Eingangstür fast automatisch den Laden betraten.

Dennoch waren die Inhaber auch nach acht Jahren mit ihrer Geschäftsbilanz nicht recht zufrieden: »Es könnte besser sein«, sagten sie. »Es kommen zwar viele Leute herein und schauen sich um, aber gekauft wird nur selten etwas. Wir haben schon alles Mögliche versucht, um mehr Anreize zu bieten – leider ohne nennenswerten Erfolg. Lag es an der Ware? Wohl kaum. Die war auf dem jeweils neuesten Stand und der Käuferschicht in diesem Stadtteil angemessen. Eine Feng-Shui-Besichtigung brachte auch keine Mängel im Grundriss zutage.

In einem Zimmer hinter dem Laden hatte sich das Ehepaar ein kleines Büro eingerichtet. Das Bagua zeigte, dass dieser Raum im Bereich »Anerkennung« liegt. Das ist insofern vorteilhaft, als hier die Akten mit den Bestellungen der Kunden und den Lieferscheinen der Großhändler aufbewahrt werden, deren Anerkennung und Wertschätzung ein Geschäftsinhaber für seinen Erfolg natürlich braucht. Auch die Bestellungen und Überweisungen werden hier abgewickelt. Das Fenster des Büros war aus Platzmangel mit einem Aktenschrank zugestellt, so dass kein Licht von außen hereinkam und damit kein Chi. Auch tagsüber mussten sich deshalb die Inhaber in dem wie eine Gefängniszelle wirkenden Raum mit künstlichem Licht behelfen.

Sie klagten u. a. über Kopfschmerzen und Müdigkeit nach längerem Aufenthalt in diesem Raum, doch lehnten sie zunächst den Vorschlag des Feng-Shui-Beraters ab, den Aktenschrank wegzurücken, um Sonneneinstrahlung durch das Fenster zu ermöglichen, und anderswo unterzubringen. Inzwischen haben sie eine Lösung nach Feng-Shui-Regeln gefunden.

Beide berichten, dass sie sich jetzt – mit mehr Chi im Raum – viel lieber im Büro aufhalten und dort auch wohler fühlen. So gesehen stehen die Zeichen günstig, dass sich durch die Aktivierung des Bereichs »Anerkennung« die Käufer interessierter und die Lieferanten und Vertreter kooperativer zeigen werden und sich somit die Geschäfte zum Besseren wenden.

**»Anerkennung« in ihrer einfachsten Form kann bedeuten, dass eine Person und ihr Geschäft überhaupt zur Kenntnis genommen werden. Stärker wirken natürlich positive Rückmeldungen und regelmäßige Kaufabschlüsse.**

# Feng Shui und menschliche Beziehungen

Wir alle wünschen uns ein gutes Verhältnis zu unseren Mitmenschen. Im privaten Bereich möchten wir Kindern, Eltern, dem Partner und engen Freunden helfen, sie erfreuen, verwöhnen, glücklich machen, ihnen unsere Liebe schenken. Im Beruf wollen wir mit unseren Kollegen und Mitarbeitern gut auskommen, von ihnen geachtet und anerkannt werden und darüber hinaus auch mitunter freundschaftlichen Kontakt pflegen. Ähnlich verhält es sich in Bezug auf die Menschen, mit denen wir über den Familien- und Freundeskreis hinaus in unserer Freizeit zu tun haben.

Doch nicht immer sind unsere Beziehungen zu anderen Menschen von Harmonie und herzlichem Einvernehmen geprägt: Missverständnisse, Ärger, Kränkungen, Verletzungen, manchmal bis hin zu Verbitterung und Feindseligkeit – jeder von uns hat seine Erfahrungen damit. Wie lässt sich das ändern?

Die chinesische Philosophie und das Feng Shui geben uns eine Reihe von Erkennungshilfen an die Hand, die uns ermöglichen, die Schwierigkeiten mit dem anderen wahrzunehmen, die Eigenschaften, das Wesen unseres Gegenübers genauer einzuschätzen, so dass wir mit ihm besser umgehen, Konflikte vermeiden oder beheben können. Dazu zählen:

- Das Bagua (siehe unten)
- Die Lehre von den fünf Elementen (siehe Seite 87ff.)
- Die chinesischen Tierkreiszeichen (siehe Seite 101ff.)

**Schwierigkeiten im menschlichen Miteinander sind wir nicht unabänderlich ausgeliefert. Sie lassen sich meistern, wenn wir uns die Erkennungs- und Gestaltungshilfen des Feng Shui zunutze machen, z. B. das Bagua-Raster.**

## Das Bagua als Beziehungsbarometer

Das Wohnungs-Bagua ist – wie wir inzwischen wissen – ein Spiegelbild unseres Inneren. Es weist uns im Äußeren auf (verborgene) Stärken und Schwächen hin. Aber auch unser Verhältnis zu anderen Menschen findet im Bagua seinen Niederschlag – vor allem in den Bereichen »Familie«, »Kinder«, »Partnerschaft«, »Freunde und Helfer« sowie »Anerkennung« –, so dass man es als eine Art Beziehungsbarometer heranziehen kann.

81

## Probleme im Bereich »Familie«

Schwierigkeiten im Familienleben entstehen vor allem, wenn ältere Verwandte behindert oder krank sind und gepflegt werden müssen. Ebenso kann das Zusammenwohnen mit verwitweten Angehörigen zum Problem werden. Auch Pflichtbeiträge zum Lebensunterhalt von Verwandten oder die Teilung einer Hinterlassenschaft geben zu Zwistigkeiten Anlass. In jedem Fall sollten Sie durch Chi-gerechte Gestaltung des Bagua-Feldes »Familie« eine Verbesserung Ihrer Familiensituation anstreben.

### Beispiel: Schwierigkeiten mit der Mutter

**Probleme im Bereich »Familie« spiegeln sich in unkoordinierter und gegensätzlicher Möblierung der Wohnung wider. Umgekehrt findet ein glückliches Familienleben in einer harmonischen Raumaufteilung seinen Ausdruck.**

Das Ehepaar P. hatte zunehmend Schwierigkeiten mit der Mutter von Frau P., die in derselben Stadt lebte. Nach Jahren guten Einvernehmens lud sie das Ehepaar nicht mehr zu sich ein, und auch zu den ehemals heiß geliebten Enkeln brach sie den Kontakt fast vollständig ab.

Auf Vorschläge zu gemeinsamen Unternehmungen ging sie nicht ein. Wenn die P.s ihr einen Gefallen erweisen wollten, meckerte sie nur und zeigte sich unzufrieden. Krank war sie jedoch nicht, und auch sonst deutete kein äußeres Zeichen auf den Grund ihres veränderten Verhaltens hin.

Auf Vorschlag einer Feng-Shui-Beraterin befassten sich die P.s mit dem Bagua-Feld »Familie« in ihrer Wohnung. Dieses wurde zum größten Teil vom Gästezimmer eingenommen, das seit über einem Jahr nicht benutzt worden war. Frau P. lagerte dort die Bügelwäsche und stellte das Bügelbrett ab. Auch einige leere Kartons und Zeitschriftenstapel sowie viel Staub hatten sich angesammelt.

Dieser Raum war also vernachlässigt worden. Sollte sich dieses Verhalten auf die Mutter übertragen und die Spannungen in der Familie verursacht haben?

Kurz entschlossen machte sich Frau P. ans Saubermachen, warf Kartons und Zeitschriften weg, brachte die Wäsche in einem Schrank unter, entfernte das Bügelbrett und richtete das Zimmer mit frischen Bettbezügen und Gardinen einladend her. Dann rief sie ihre Mutter an und lud sie zum vorösterlichen Kuchenbacken und Eierfärben ein.

Eigentlich hatte sie mit einer Absage gerechnet. Aber die Mutter nahm die Einladung an und kam auch – und war den ganzen Nachmittag lang bester Laune. Ein Zufall?

## Probleme im Bereich »Partnerschaft«

Meinungsverschiedenheiten sind das häufigste Problem in einer Partnerschaft. Sie können sie entschärfen oder beseitigen, indem Sie das entsprechende Bagua-Feld in Ihrer Wohnung durch Reinigen und Aufräumen klären und das Chi durch Umstellen der Möbel ausgleichen. Vor allem gilt es, störende Elemente zu erkennen und Chi-gerechte Abhilfe zu schaffen:

■ Gibt es irgendwo spitze Ecken oder Kanten?

■ Hebt sich ein Möbelstück von den übrigen durch besondere Größe oder Schwere ab?

■ Sind Wände, Gardinen und Fußboden nach Farbe, Muster und Material aufeinander abgestimmt?

■ Gibt es Bilder, Bücher oder Dekorationsgegenstände, die aggressive Gedanken provozieren?

■ Vermittelt die Partnerschaftsecke vielleicht einen langweiligen, öden Eindruck?

Je gründlicher Sie das Bagua-Feld »Partnerschaft« in Ordnung bringen, umso mehr werden sich auch wieder Gleichklang und Harmonie in Ihrer Liebesbeziehung einstellen.

Verhärtete Fronten werden aufgebrochen durch ein Mobile aus bunten Papierstreifen, weil es Bewegung und damit frisches Chi in die Problemzone bringt. Man kann darauf in Stichpunkten schreiben, was man sich für den künftigen Umgang miteinander wünscht, beispielsweise:

■ Frieden und Harmonie

■ Dankbarkeit und Anerkennung

■ Gerechtigkeitssinn

■ Flexibilität

■ Achtsamkeit und Rücksicht

■ Mitgefühl und Hilfsbereitschaft

Hängen Sie das Mobile als einen Ihren Wunsch ständig vergegenwärtigenden Ansporn in Ihrer Partnerschaftsecke auf.

Für diese Feng-Shui-Maßnahme sowie für alle anderen gilt immer: Verfolgen Sie in den nächsten ein bis zwei Wochen aufmerksam, ob sich durch die räumliche (Um-)Gestaltung in dem entsprechenden Lebensbereich eine Veränderung einstellt.

Dies kann unter Umständen auch eine Veränderung zum Schlechten sein, wenn man Fehler gemacht und die falschen Signale gesetzt hat, wie das nachfolgende Beispiel zeigt.

**Die Farbe Rosa lenkt günstiges Chi in den Bereich »Partnerschaft«. Wer Rosa nicht mag, kann das Klima in seiner Beziehung mit einer Kombination von Rot und Weiß verbessern.**

**Beispiel: Der Partner fehlt**

Die als Single lebende H.S. hatte im Bagua-Feld »Partnerschaft« ihrer Wohnung an die Stelle des alten Aktenschranks zwei Gartenstühle und einen kleinen runden Metalltisch gestellt, weil sie als überzeugte Feng-Shui-Anhängerin diesen Bereich einladender gestalten und damit einen positiven Impuls in Richtung Partnerschaft geben wollte.

Zwei Wochen später zog sie eine erste Zwischenbilanz: Was hatte sich inzwischen in Sachen Beziehungen und Partnerschaft getan? Am vergangenen Sonntag war sie recht unglücklich von einem Workshop zurückgekommen und hatte drei Tage gebraucht, sich wieder zu fangen, obwohl sie sonst immer ziemlich schnell in den Alltag zurückfand.

**Von der Anordnung der Möbel in einem bestimmten Bereich der Wohnung gehen Signale aus, die das Chi in der Außenwelt und damit künftige Ereignisse günstig oder ungünstig beeinflussen.**

Worüber war sie nur so traurig gewesen? Einige liebe alte Bekannte hatte sie auf dem Workshop getroffen, aber keiner schien sich richtig Zeit für sie nehmen zu wollen, mit keinem ergab sich ein längeres, tiefer gehendes Gespräch. Alle waren so oberflächlich, so unverbindlich.

Nachdenklich stand H.S. vor ihrer umgestalteten Partnerschaftsecke, und plötzlich fiel es ihr wie Schuppen von den Augen: Mit dem, was sie an Veränderungen vorgenommen hatte, war das falsche Signal gesetzt worden: zwei billige Plastikgartenstühle, mit dünnen Beinen und wackelig, ein ebensolches Blechtischchen – hübsch anzuschauen, aber nicht stabil! Wie sollte das einen positiven Schub in Richtung einer Beziehung geben?

Noch einmal baute H.S. ihre Partnerschaftsecke um: Sie ersetzte die Plastikgartenstühle durch solide Holzstühle, den Tisch entfernte sie – der hätte das Ganze jetzt zu sehr zugestellt –, dafür stellte sie jetzt das Telefon in diesen Bereich.

In der Nacht darauf hatte sie einen Traum: Ihre unsterbliche Seele erschien ihr als personales Wesen, das auf sie zukam, sie umarmte und festhielt. Sie fühlte sich wunderbar geborgen, zum ersten Mal vereint mit ihrem Selbst – und unglaublich stark. Jetzt ruhte sie in sich, war nicht mehr eine verzweifelt Getriebene auf der Suche nach einem Du.

Das war ein unerwartetes, in Bezug auf ihre Entwicklung aber folgerichtiges Ergebnis: Durch die neue Erkenntnis im Traum erst wirklich beziehungsfähig geworden, wird sie sicherlich bald einen Partner finden.

## Probleme im Bereich »Freunde und Helfer«

Helfer sind meist Menschen, mit denen man nur gelegentlich zu tun hat, wie Nachbarn, Verkäufer, Behördenangestellte usw. Probleme in diesem Bereich gibt es zweierlei: Entweder fehlen Freunde und Helfer ganz, oder jene, von denen man Hilfe erwartet hatte, bereiten einem Unannehmlichkeiten. Die häufigsten Vorkommnisse: Zusagen werden nicht eingehalten, Verliehenes wird nicht zurückgegeben, man wird über bestimmte Dinge falsch informiert. Auch Lärmbelästigung und Beschädigung des guten Rufes durch Klatsch spielen eine Rolle.

### Beispiel: Kehrtwendung einer Vermieterin

U. L. war vor vier Jahren in ihre jetzige Wohnung eingezogen, hatte aber ihre Vermieterin noch nie zu Gesicht bekommen. Den Mietvertrag hatte sie damals mit der Verwaltung abgeschlossen.

Im Lauf der Zeit hatte U. L. die fünf Familien in dem Mietshaus kennen gelernt, und dabei war ihr so manches über den Zustand des Gebäudes zu Ohren gekommen: undichte Wasserrohre, Schimmelflecken an den Wänden, verrostete Geländer, abblätternde Farbe usw. Trotz Beschwerden der Mieter wurde nie etwas repariert. Das Gerücht kam auf, dass die Besitzerin das Haus herunterkommen lassen wolle, um eine Abrissgenehmigung zu erhalten.

U. L. hatte ohne besondere Absicht begonnen, den Bereich »Freunde und Helfer« in ihrer Wohnung umzugestalten. U.a. hatte sie ein Paar moderner Engel aus venezianischen Masken und einer Federboa als Körper komponiert und dort aufgehängt.

Eines Tages rückte sie beim Hausputz die Schränke ab und bemerkte dabei einen quadratmetergroßen nassen Fleck an der Schlafzimmerwand. Sie teilte dies der Wohnungsverwaltung schriftlich mit und bat um Beseitigung des Schadens.

Zu ihrer großen Überraschung rief zwei Tage später die Hausbesitzerin persönlich an und wollte noch am selben Abend den Schaden besichtigen. U. L. lernte sie als entgegenkommende Person kennen: Sie versprach, dass am nächsten Dienstag der Klempner kommen und die alten Wasserrohre in der Wand ersetzen würde.

Die Hausbewohner wunderten sich sehr, und U. L. fragt sich noch heute, ob ihre Feng-Shui-Maßnahmen die unerwartete Reaktion der Vermieterin ausgelöst hatten.

**»Freunde und Helfer« können auch unsichtbare Einflüsse sein, die einen Menschen z. B. zur rechten Zeit das richtige Werkzeug finden lassen. Manche rechnen Engel, gute Geister und/oder verstorbene Verwandte zu ihren »Freunden und Helfern«.**

85

## Probleme im Bereich »Kinder«

In diesem Bereich geht es um Konflikte zwischen Eltern und ihren Kindern, seien es nun alltägliche Meinungsverschiedenheiten über Schule, Kleidung, den Umgang mit Freunden oder grundsätzliche Differenzen wie über Lebensstil, Werte und Lebenskonzept. In der Pubertät kommt es besonders häufig zu Spannungen – gerade dann, wenn die Vorstellungen und Anschauungen der Jugendlichen und die der Erwachsenen stark auseinander driften. Besonders was das ausgewogene Verhältnis von Leistung und Ansprüchen betrifft, geraten die Generationen schnell aneinander. Diese Thematik liegt auch den Missstimmungen zwischen Eltern und Tochter im folgenden Fallbeispiel zu Grunde.

### Beispiel: Zimmer der Tochter im Bereich »Karriere«

**Das Zimmer eines Kindes liegt am günstigsten im Bagua-Feld »Kinder«, bei Heranwachsenden auch in den Feldern »Wissen«, »Familie« oder »Karriere«. Das Feld »Partnerschaft« eignet sich nur für erwachsene Kinder.**

Zwischen dem Ehepaar N. und ihrer 14-jährigen Tochter gab es ständig Reibereien. Das Zimmer der Tochter lag im Bereich »Karriere«. Dies färbte offensichtlich auf ihr Verhalten ab: Sie setzte alles daran, ihre Klassenkameradinnen zu übertrumpfen. Durch extravagante Kleidung, ausgefallenen Wortschatz und Reitstunden versuchte sie sich von den Übrigen abzuheben. Natürlich hatte sie bereits einen Freund. Das Taschengeld reichte nie, und ihre Eltern betrachtete sie als altmodisch, geizig und missgünstig.

Anerkennung
Familie
Esszimmer Kinder
Tochter-Karriere zimmer

Da sie Veränderungen in ihrem Zimmer ablehnte, machten sich die Feng-Shui-überzeugten Eltern daran, den Bereich »Kinder«, der vom Esszimmer eingenommen wurde, durch Pflanzen, ein Aquarium und einen hellblauen Anstrich Chi-freundlicher zu gestalten. Zusätzlich aktivierten sie die Bereiche »Anerkennung«, »Familie« und »Wissen« durch mehr Licht und Symbole an den Wänden sowie weitere Feng-Shui-Hilfsmittel.

Und siehe da: Seit einigen Wochen konzentriert sich nun die Tochter stärker auf ihre Hausaufgaben, das heißt auf jene Seite ihrer »Karriere«, welche die Eltern bedingungslos unterstützen.

## Probleme mit bestimmten Personen

Zusammenfassend können wir also sagen: Veränderungen im Bagua-Feld »Familie« verändern das Klima zwischen den Familienmitgliedern; Veränderungen im Bagua-Feld »Partnerschaft« das Klima zwischen den (Ehe-)Partnern; Veränderungen im Bagua-Feld »Freunde und Helfer« das allgemeine Klima in der Beziehung zu ferner stehenden Personen; Veränderungen im Bagua-Feld »Kinder« das Klima zwischen Kindern und Eltern.

Dennoch weiß man manchmal bei bestimmten Personen nicht, welchem Bagua-Feld man sie zuordnen soll. So hätte die Vermieterin als ältere Respektsperson eventuell auch über das Bagua-Feld »Familie« beeinflusst werden können, da sie für die Mieter eine Art Mutterfigur darstellte.

Schwierigkeiten mit dem Chef z. B. lassen sich natürlich in erster Linie durch Verbesserungen im Bagua-Feld »Karriere« beheben, möglicherweise aber auch durch Veränderungen im Feld »Familie«, wenn nämlich der Chef so etwas wie eine Vaterfigur ist. Wenn der Chef eher ein Arbeitspartner ist, der lediglich größere Kompetenzen hat, nimmt man Umgestaltungen im Feld »Partnerschaft« vor. Entsprechendes gilt für die Chefin. Ein Tipp, der immer hilft: Setzen Sie Kristalle, eine Lampe oder Pflanzen vor ein Bild des Chefs oder eine Zeichnung, wie er und Sie sich die Hände schütteln.

**Überlegen Sie auch, in welches Bagua-Feld Ihr Arbeitskollege, Ihre Nachbarin oder Ihr Vermieter einzuordnen ist. Das nebenstehende Beispiel des Chefs zeigt Ihnen, auf welche Punkte Sie dabei achten müssen.**

# Die Fünf-Elemente-Lehre

Um Anhaltspunkte für das Wesen anderer Menschen zu gewinnen, hat der Mensch immer wieder versucht, allgemein gültige Regeln aufzustellen. Ein solches Regelwerk bieten z. B. die Astrologie, die bestimmten Menschen je nach dem Stand der Gestirne gewisse Eigenschaften zuschreibt, und die Numerologie, die Menschen anhand bestimmter Schlüsselzahlen charakterisiert. Auch die Chinesen kennen solche Systeme, u. a. die Fünf-Elemente-Lehre.

## Die Elemente

Die Fünf-Elemente-Lehre ist ein wichtiger Systembaustein der chinesischen Weltanschauung. Sie wird häufig bei Feng-Shui-Beratungen mit herangezogen, denn das Feng Shui geht von dem Grundsatz aus, dass das Chi einer Person nicht nur durch den Wohnort, die Wohn- und Arbeitsbedingungen, sondern auch maßgeblich durch seine persönliche Elementzugehörigkeit bestimmt wird. Es lohnt also, sich näher mit den fünf Elementen nach chinesischem Verständnis zu befassen.

Die Chinesen kennen nicht wie wir im Westen vier Elemente, sondern fünf: Feuer, Erde, Metall, Wasser und Holz. Während unsere vier Elemente vorwiegend Zustandsarten meinen – Erde: die feste Materie; Wasser: das Flüssige; Luft: das Gasförmige; Feuer: das Geistige –, stehen die chinesischen Elemente für sehr komplexe Konstellationen von Eigenschaften, die u. a. auch zur Charakterisierung von Menschen benutzt werden.

### Feuer – das Brennende

Die Farbe des Feuers ist Rot. Alle spitzen Formen sind Feuer-Formen, also spitze Kirchtürme, Dächer usw.

Die Energie des Feuers steigt nach oben. Daher versinnbildlicht Feuer das Aufstrebende, auch unsere persönliche Höherentwicklung durch Lernen und Vergeistigung.

**Eigenschaften:** Feuer-Menschen sind sehr temperamentvoll und leidenschaftlich, vor allem in der Jugendzeit; sie preschen vor, wenn andere sich nicht trauen, und sagen unverblümt, was ihnen in den Sinn kommt. Dank ihres »feurigen« Wesens und ihres Einfallsreichtums sind sie in Gesellschaft ungemein beliebt, aber auch mit Wutausbrüchen muss man bei ihnen bisweilen rechnen. Ihre Vitalität und ihr Arbeitswille verhelfen ihnen meistens zu einem hohen Lebensstandard.

**Körper:** Feuer-Menschen haben oft spitze Körperformen, z. B. ein kantiges Gesicht, spitze Finger und eine rötliche Gesichtsfarbe. Im Körper sind dem Element Feuer das Herz, das Blut und die Blutgefäße zugeordnet, die bei Feuer-Menschen in den meisten Fällen gut funktionieren. Lunge, Haut und Dickdarm dagegen sind anfällig für Krankheiten.

**Beruf:** Feuer-Menschen bevorzugen berufliche Tätigkeiten in der Porzellanherstellung, im Küchen- und Heizungsbau, als Schlachter (das Blut fließen lassen), als Lehrer (die Entwicklung fördern), aber auch alle kreativen Berufe, wie beispielsweise Maler, Bildhauer, Schauspieler, Verleger, Raumgestalter oder Gärtner, sagen ihnen zu.

**Apropos Elemente: Die moderne Chemie kennt 111 Elemente, von denen einige erst vor kurzem entdeckt worden sind. Die letzten wurden nach berühmten Naturwissenschaftlern benannt und heißen Einsteinium, Nilsbohrium und Meitnerium.**

■■■ **Himmelsrichtung:** Die den Feuer-Menschen zugeordnete Himmelsrichtung ist der Süden; daher sollten sie ihr Bett mit dem Kopfende nach Süden stellen und Schreibtisch oder Arbeitsplatz ebenfalls nach Süden ausrichten.

■■■ **Jahreszeit:** Die den Feuer-Menschen entsprechende Jahreszeit ist der Sommer. Sie lieben die Hitze und das Licht; im Dunkel fühlen sie sich unwohl.

## Erde – die Bewahrende und Hervorbringende

Die Farben der Erde sind Braun und Gelb. Alle liegenden oder flachen Rechtecke und Quader sind Erde-Formen, z. B. lang gestreckte Wohnblocks.

Die Erde weckt die Vorstellung von Ewigkeit. Ihre Energie wirkt auf Ausgleich hin. Die Erde birgt Schätze und gibt in Gräbern den Gebeinen eine Ruhestätte. Sie bewahrt den Samen und die vielen Lebewesen, die den Winter über in ihrem Schoß Schutz suchen.

■■■ **Eigenschaften:** Erde-Menschen sind ausgeglichen, verantwortungsvoll, beherrscht und zuverlässig. Sie ruhen in sich selbst und gehen im Beruf wie in der Freizeit gern auf andere Menschen ein. Sie können ihre Kräfte gezielt einsetzen und mit Beharrlichkeit viel erreichen.

■■■ **Körper:** Körperlich sind Erde-Menschen breiter gebaut als die meisten Menschen ihrer Rasse, Gesicht und Hände sind eher flach. Im Körper repräsentieren die inneren Organe die Erde; deshalb sind Erde-Menschen Milz und Magen zugeordnet, die sich durch hohe Leistungsfähigkeit auszeichnen. Knochengerüst und Nieren dagegen sind anfällig für Krankheiten.

■■■ **Beruf:** Erde-Berufe sind alle Berufe, die mit Bautätigkeit verbunden sind, wie Architekt oder Immobilienhändler, außerdem natürlich Berufe in der Landwirtschaft. Wegen ihres Strebens nach Bewahrung sind Erde-Menschen auch oft im Bereich Medizin bzw. in der Krankenpflege tätig.

■■■ **Himmelsrichtung:** Erde-Menschen werden keiner bestimmten Himmelsrichtung zugeordnet, sondern der Mitte. Sie sollten daher ihren Arbeitsplatz in der Mitte des Raumes und ihre Wohnung im Zentrum eines Gebäudes suchen.

■■■ **Jahreszeit:** Erde-Menschen wird auch keine der vier Jahreszeiten zugeordnet, sondern jeweils die letzten 18 Tage von Frühling, Sommer, Herbst und Winter.

**Unsere Vorstellung, dass die Erde etwas Mütterliches hat, wohnt auch dem chinesischen Erde-Begriff inne: Beide beinhalten das Schützende, Überdauernde, Lebensbewahrende.**

**Metall-Menschen zeichnen sich durch präzises, »metallisch« scharfes Denken aus. Ein von runden, gebogenen Formen geprägtes Umfeld fördert ihre Konzentration und die Zielstrebigkeit ihres Handelns.**

### Metall – das Verändernde

Die Farbe des Metalls ist Weiß. Alle runden, gebogenen Formen sind Metall-Formen, wie beispielsweise Kuppeln, Zwiebeltürme und Arenen.

Die Energie des Metalls strebt konzentrisch zur Mitte und wirkt sehr massiv. Metall steht deshalb einerseits für Geld, andererseits für Waffen und Werkzeuge; es repräsentiert daher auch die Macht in Wirtschaft und Politik, die Macht, mit Waffengewalt zu zerstören oder durch Geld und Handel den Besitz neu zu verteilen und dadurch das soziale Gefüge zu verändern.

**Eigenschaften:** Metall-Menschen lieben die Veränderung und können sich meist schnell entscheiden, weil sie intuitiv den richtigen Weg erkennen. Sie streben ein hohes Ziel an und setzen sich entschieden dafür ein. Deshalb sind sie für führende Positionen qualifiziert, wobei sie als Gerechtigkeitsfanatiker leicht in Konflikt mit anderen geraten können. Metall-Menschen sind diszipliniert und stark, freuen sich am Wettbewerb, haben viel Realitätssinn und sind meist eifrige Sportler.

**Körper:** Metall-Menschen fallen oft durch rundliche Formen auf, besonders im Gesicht. Ihre Gesichtsfarbe ist blass. Im Körper gelten Dickdarm und Lunge als die starken Organe des Metall-Menschen. Anfällig sind sie dagegen für Nerven- und Kreislaufschwäche.

**Beruf:** Die von Metall-Menschen bevorzugten Berufe sind verständlicherweise diejenigen, welche unmittelbar mit dem Element Metall zu tun haben: also Waffenhersteller, Messer- und Scherenschleifer, Hochofen- und Gießereiarbeiter, Schmiede, Gold- und Silberschmiede eingeschlossen. Aber auch die Symbolik des Metalls beeinflusst die Entscheidung für den Beruf als Geschäftsmann, Bankkauffrau, Versicherungsangestellter (wegen des Umgangs mit Geld), Politiker oder Wirtschaftsfunktionär (wegen des Umgangs mit der Macht), Rechtsanwalt oder Richter (aufgrund des Gerechtigkeitsstrebens).

**Himmelsrichtung:** Die den Metall-Menschen zugeordnete Himmelsrichtung ist der Westen. Sie sollten daher ihr Bett mit dem Kopfende nach Westen stellen und ihren Schreibtisch oder Arbeitsplatz mit der Front nach Westen.

**Jahreszeit:** Die den Metall-Menschen entsprechende Jahreszeit ist der Herbst, die bevorzugte Tageszeit der Abend.

## Wasser – das Fließende

Die Farben des Wassers sind Schwarz, Grau und Blau. Alle wellenförmigen und unregelmäßigen Formen sind Wasser-Formen, wie beispielsweise Bergketten, Häuserzeilen und bunt zusammengewürfelte Schachtelhäuser in südlichen Küstenstädten.

Wasser strebt aufwärts, hat keine feste Form und versinnbildlicht daher Veränderbarkeit und Anpassungsfähigkeit. Es gelangt überall hin und steht aus diesem Grund auch für den Gesprächs- und Informationsfluss, u. a. über die audiovisuellen und Printmedien, die den Menschen mit Nachrichten versorgen. Im Feng Shui speziell ist Wasser das Symbol für Reichtum und Wohlstand. Wasser zieht kosmisches Chi und Sauerstoff an.

**Eigenschaften:** Wasser-Menschen lieben das Gespräch und den Informationsaustausch. Sie haben eine schnelle Auffassungsgabe, sind klug und können ausgezeichnet organisieren. Sie erweisen sich als gute Freunde und setzen sich für soziale oder geistige Ziele ein. Andererseits haben sie aber auch das Bedürfnis nach Ruhe und Zurückgezogenheit.

**Körper:** Wasser-Menschen fallen oft dadurch auf, dass sie sich ungelenk bewegen und ruhelos, leicht gehetzt wirken. Von den inneren Organen des Wasser-Menschen sind Nieren und Blase besonders funktionstüchtig. Anfällig für Krankheiten sind dagegen Herz und Kreislauf.

**Beruf:** Wasser-Menschen tendieren zu allen Berufen, die unmittelbar mit dem Element Wasser zu tun haben: z. B. Schwimmmeister, Getränkehersteller und in der Fischverarbeitung Tätige. Aber auch überall dort, wo es um »Fluss« im übertragenen Sinn geht, sind Wasser-Menschen zu finden: in Medienberufen, wie Journalist oder Fernsehmoderator, in geistigen Berufen, wie Naturwissenschaftler, Philosoph oder Psychologe. Wegen seines fließenden Charakters ist Wasser auch das Element der Musiker, der Literaten und anderer Künstler.

**Himmelsrichtung:** Die den Wasser-Menschen zugeordnete Himmelsrichtung ist der Norden. Sie sollten daher ihr Bett mit dem Kopfende nach Norden stellen, ebenso die Front ihres Schreibtisches oder Arbeitsplatzes.

**Jahreszeit:** Im Winter fühlen sich Wasser-Menschen am wohlsten, und sie machen gern die Nacht zum Tag, weil sie in dieser Zeit am regsten sind.

**Wasser-Menschen reden wie ein »Wasserfall«. Wellenförmige und unregelmäßige Formen sowie mit viel Glas gebaute Häuser in ihrer Umgebung begünstigen Durchlässigkeit und Kommunikationsfluss.**

**Holz-Menschen breiten
sich wie Gehölze nach
allen Seiten aus. Hoch
aufstrebende Formen in
ihrem Wohn- und Le-
bensbereich sorgen für
ein kontinuierliches
geistiges und seelisches
Wachstum.**

### Holz – das Wachsende

Die Farbe des Holzes ist Grün. Grün setzt sich zusammen aus Blau und Gelb, und das Holz gedeiht umso prächtiger, je mehr blaue Wasserenergie und gelbe Sonnenstrahlen ihm zugeführt werden. Alle hoch aufstrebenden Formen sind Holz-Formen, wie beispielsweise Hochhäuser, Säulen, Kirchtürme, Fabrikschornsteine, Masten, Antennen.

Die Energie des Holzes strebt sternförmig nach außen, sichtbar im Wachstum eines Baumes, der sich immer weiter in die Höhe reckt und seine zunehmende Dicke in Jahresringen ausweist. Alles, was körperliches und geistiges Wachstum beinhaltet, wird deshalb dem Element Holz zugeordnet.

**Eigenschaften:** Holz-Menschen halten sich gern in der freien Natur auf und schlafen mit Vorliebe bei offenem Fenster (oder im Sommer im Zelt). Wie ein Baum breiten sie sich ungestüm nach allen Seiten aus, vor allem in der Jugendzeit, während sie sich als Erwachsene eher in vorgegebene Formen schicken. Im Alter können sie starr(sinnig) werden, sozusagen »verholzen«. Sie sind praktisch, auch handwerklich geschickt veranlagt, umgänglich, tatkräftig und können gut Probleme lösen, verlieren allerdings manchmal auch die Geduld.

**Körper:** Holz-Menschen haben im Allgemeinen lange, dünne Gliedmaßen. Was ihre inneren Organe betrifft, neigen Holz-Menschen zu »wucherndem« Krankheitsverlauf, zu plötzlichem hohen Fieber oder sich ausbreitenden Entzündungen. Die Leber ist das stärkste Organ der Holz-Menschen.

**Beruf:** Holz-Menschen sind vor allem in Holz verarbeitenden Berufen tätig, ferner in allen Branchen, die mit der Zubereitung und dem Verkauf von (gewachsener) Nahrung zu tun haben. Da Holz-Menschen ausgezeichnete Organisatoren sind, haben sie auch als Journalisten, Lehrer, Designer im Management oder als Computerfachmann Erfolg.

**Himmelsrichtung:** Die den Holz-Menschen zugeordnete Himmelsrichtung ist der Osten. Sie sollten daher mit dem Kopf in Richtung Osten schlafen.

**Jahreszeit:** Der Frühling, wenn das rasche Wachstum in der Natur sichtbare Formen annimmt, ist die den Holz-Menschen entsprechende Jahreszeit. Am Morgen sind Holz-Menschen am leistungsfähigsten.

## Der zerstörende Kreislauf

Die fünf Elemente – und demzufolge die ihnen zugeordneten Menschen – stehen in ganz bestimmten Wechselbeziehungen zueinander, und zwar so, dass immer ein Element einem anderen Nutzen bringt bzw. zum Schaden gereicht. Dadurch wird die Balance zwischen ihnen aufrechterhalten. Hier zunächst ein einfaches Beispiel, um zu verdeutlichen, was gemeint ist.

Sicher kennen Sie aus Ihrer Kinderzeit das Entscheidungsspiel »Schere – Stein – Papier«. Wenn zwei Kinder losen sollten, wer zuerst anfangen darf, mussten sie gleichzeitig auf Kommando eine von drei Handstellungen vorzeigen: eine Faust als Zeichen für einen Stein, eine flache Hand als Zeichen für Papier oder zwei gespreizte Finger als Zeichen für die Schere.

■ Zeigte nun Kind A die Schere und Kind B das Papier, dann hatte Kind A gewonnen, weil die Schere das Papier zerschneidet – die Schere ist also stärker als das Papier.

■ Zeigte Kind A den Stein und Kind B das Papier, dann hatte Kind B gewonnen, weil das Papier den Stein einwickelt – das Papier ist also stärker als der Stein.

■ Zeigte Kind A den Stein und Kind B die Schere, dann hatte Kind A gewonnen, weil der Stein die Schere schleift.

Schere, Papier, Stein – jedes ist immer einem der beiden anderen überlegen und dem zweiten unterlegen. Auf dem gleichen Prinzip der Über- und Unterlegenheit basiert die Fünf-Elemente-Lehre, deren sich das Feng Shui bedient, um Chi-gerechte Aussagen über das Zusammenpassen oder Nichtzusammenpassen von Menschen zu machen.

Hinsichtlich des schädigenden, zerstörenden Kreislaufs der fünf Elemente gelten folgende Lehrsätze:

■ Feuer schmilzt Metall; das heißt: Feuer-Menschen üben einen negativen Einfluss auf Metall-Menschen aus.

■ Metall zerschneidet Holz; das heißt: Metall-Menschen üben einen negativen Einfluss auf Holz-Menschen aus.

■ Holz saugt Erde aus; das heißt: Holz-Menschen üben einen negativen Einfluss auf Erde-Menschen aus.

■ Erde saugt Wasser auf; das heißt: Erde-Menschen üben einen negativen Einfluss auf Wasser-Menschen aus.

■ Wasser löscht Feuer; das heißt: Wasser-Menschen üben einen negativen Einfluss auf Feuer-Menschen aus.

**Die fünf Elemente existieren nicht isoliert nebeneinander, sondern sind in einen sich ständig wiederholenden Kreislauf eingebunden, wobei jedes ein zweites schwächt und ein drittes stärkt; den anderen beiden gegenüber verhält es sich neutral.**

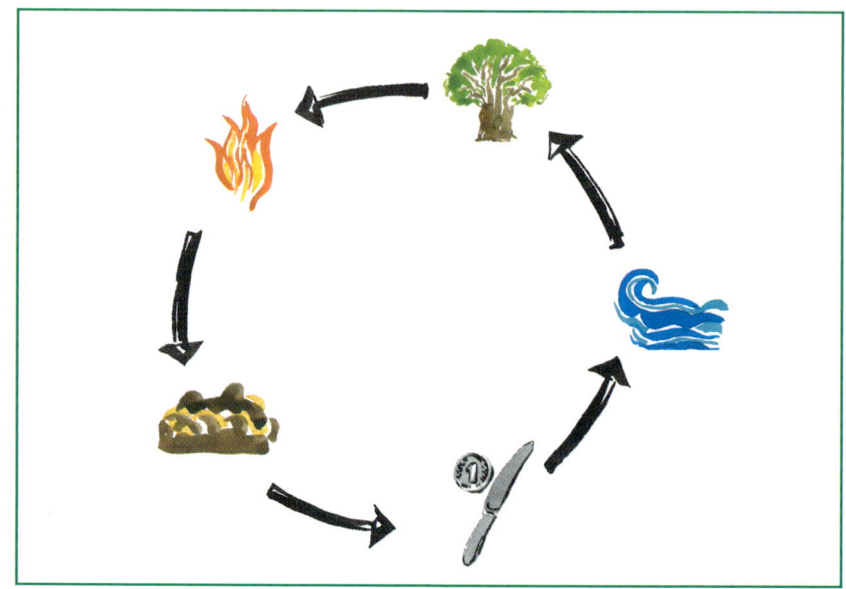

*Die Lehre der Fünf
Elemente – hier ist der
aufbauende Kreislauf
dargestellt.*

## Der aufbauende Kreislauf

Jedes Element hat aber nicht nur einen »Widersacher«, sondern auch einen aufbauenden, unterstützenden, stärkenden »Freund«. Hier sind die Beziehungen nicht immer so offensichtlich und leicht verständlich wie beim zerstörenden Kreislauf, so dass sie genauer erklärt werden müssen.

**Während der zerstören-
de Kreislauf der fünf
Elemente leicht zu ver-
stehen ist – z. B. dass
Feuer Metall schmilzt –,
bedarf es beim aufbau-
enden Kreislauf eines
gewissen Vorstellungs-
vermögens, um die Wir-
kungsmechanismen zu
durchschauen.**

■ Feuer bringt Erde hervor: Wenn wir Erde mit Asche gleichsetzen, wird der Satz sofort verständlich, denn Asche ist ein »Produkt« des Feuers.

■ Erde bringt Metall hervor: Aus dem Bergbau wissen wir, wo Eisenerz, Gold, Silber und andere Metalle gefördert werden. Früher glaubte man, sie würden in der Erde wachsen.

■ Metall bringt Wasser hervor: Dies können wir beobachten, wenn Wasser auf einer kühlen metallischen Oberfläche kondensiert. Zusätzlich kann man sich mit der Vorstellung behelfen, dass Metall flüssig wie Wasser wird, wenn es geschmolzen wird.

■ Wasser bringt Holz hervor: Dies ist leicht zu verstehen, wenn man an das in der Erde gespeicherte Wasser denkt, das Bäume und Sträucher zum Wachstum brauchen.

■ Holz bringt Feuer hervor: Holz als Brennmaterial nährt das Feuer. Auch diese Beziehungen der fünf Elemente lassen sich auf den zwischenmenschlichen Bereich übertragen: Ein Wasser-Mensch beispielsweise wird bei der gemeinsamen Arbeit einen Holz-Menschen sicherlich nach besten Kräften unterstützen, weil auch in der Natur das Wasser dem Holz Nahrung zuführt und es auf diese Weise gedeihen lässt.

## Die Elementzugehörigkeit

Welchem der fünf Elemente Sie zuzuordnen sind – ob Sie ein Feuer-, Erde-, Metall-, Wasser- oder Holz-Mensch sind –, können Sie anhand der folgenden Tabellen selbst ermitteln. Sie benötigen dazu:
- Ihre Jahreskennzahl
- Ihre Monatskennzahl

Aus diesen ergibt sich Ihr Kennbuchstabe (= Element).

### Die Jahreskennzahl

Suchen Sie in der nachfolgenden Tabelle für Männer bzw. Frauen Ihr Geburtsjahr. Wenn Sie nach dem 4. Februar geboren sind, gilt für Sie dieses Jahr, und die ganz unten in der Spalte stehende fett gedruckte Zahl ist Ihre Jahreskennzahl. Sollten Sie vor dem 5. Februar geboren sein, gehören Sie nach dem Feng Shui noch zum vorhergehenden Jahr (weil das neue Jahr bei den Chinesen erst Anfang Februar beginnt) und müssen dort unten in der Spalte Ihre Jahreskennzahl ablesen. Schreiben Sie Ihre Jahreskennzahl auf einem Blatt Papier auf.

**Die Elementzugehörigkeit verteilt sich gleichmäßig auf Männer und Frauen. Sie wird aus Jahreskennzahl und Monatskennzahl errechnet.**

### JAHRESKENNZAHLEN FÜR MÄNNER

| | | | | | | | | |
|---|---|---|---|---|---|---|---|---|
| 1910 | 1911 | 1912 | 1913 | 1914 | 1915 | 1916 | 1917 | 1918 |
| 1919 | 1920 | 1921 | 1922 | 1923 | 1924 | 1925 | 1926 | 1927 |
| 1928 | 1929 | 1930 | 1931 | 1932 | 1933 | 1934 | 1935 | 1936 |
| 1937 | 1938 | 1939 | 1940 | 1941 | 1942 | 1943 | 1944 | 1945 |
| 1946 | 1947 | 1948 | 1949 | 1950 | 1951 | 1952 | 1953 | 1954 |
| 1955 | 1956 | 1957 | 1958 | 1959 | 1960 | 1961 | 1962 | 1963 |
| 1964 | 1965 | 1966 | 1967 | 1968 | 1969 | 1970 | 1971 | 1972 |
| 1973 | 1974 | 1975 | 1976 | 1977 | 1978 | 1979 | 1980 | 1981 |
| 1982 | 1983 | 1984 | 1985 | 1986 | 1987 | 1988 | 1989 | 1990 |
| **9** | **8** | **7** | **6** | **5** | **4** | **3** | **2** | **1** |

## JAHRESKENNZAHLEN FÜR FRAUEN

| 1910 | 1911 | 1912 | 1913 | 1914 | 1915 | 1916 | 1917 | 1918 |
|------|------|------|------|------|------|------|------|------|
| 1919 | 1920 | 1921 | 1922 | 1923 | 1924 | 1925 | 1926 | 1927 |
| 1928 | 1929 | 1930 | 1931 | 1932 | 1933 | 1934 | 1935 | 1936 |
| 1937 | 1938 | 1939 | 1940 | 1941 | 1942 | 1943 | 1944 | 1945 |
| 1946 | 1947 | 1948 | 1949 | 1950 | 1951 | 1952 | 1953 | 1954 |
| 1955 | 1956 | 1957 | 1958 | 1959 | 1960 | 1961 | 1962 | 1963 |
| 1964 | 1965 | 1966 | 1967 | 1968 | 1969 | 1970 | 1971 | 1972 |
| 1973 | 1974 | 1975 | 1976 | 1977 | 1978 | 1979 | 1980 | 1981 |
| 1982 | 1983 | 1984 | 1985 | 1986 | 1987 | 1988 | 1989 | 1990 |
| **6** | **7** | **8** | **9** | **1** | **2** | **3** | **4** | **5** |

**Die zwölf Monatskenn-zahlen stehen jeweils für den Zeitraum etwa eines Monats, wobei zu beachten ist, dass mit der Zählung erst ab dem 5. Februar, dem Neujahrstag der Chinesen, begonnen wird.**

### Die Monatskennzahl

Suchen Sie in der folgenden Tabelle Ihre Monatskennzahl – sie ist für Männer und Frauen gleich. Sie richtet sich danach, am Wievielten welchen Monats Sie geboren sind, wobei jeder Kennzahl der Zeitraum ungefähr eines Monats zugeordnet ist. Schreiben Sie Ihre Monatskennzahl auf.

## MONATSKENNZAHLEN FÜR MÄNNER UND FRAUEN

| Kennzahl | Geboren zwischen |
|----------|------------------|
| 1 | 5. Februar und 4. März |
| 2 | 5. März und 3. April |
| 3 | 4. April und 4. Mai |
| 4 | 5. Mai und 4. Juni |
| 5 | 5. Juni und 6. Juli |
| 6 | 7. Juli und 6. August |
| 7 | 7. August und 6. September |
| 8 | 7. September und 8. Oktober |
| 9 | 9. Oktober und 6. November |
| 10 | 7. November und 6. Dezember |
| 11 | 7. Dezember und 4. Januar |
| 12 | 5. Januar und 4. Februar |

### Der Kennbuchstabe

Suchen Sie in der nachfolgenden Tabelle für Männer bzw. Frauen Ihre Monatskennzahl, und gehen Sie von ihr aus senkrecht bis auf die Höhe Ihrer Jahreskennzahl links nach unten: Der Buchstabe in dieser Zeile ist Ihr Kennbuchstabe, der Ihnen sagt, zu welchem Element Sie gehören. **F** steht für **F**euer, **E** für **E**rde, **M** für **M**etall, **W** für **W**asser, **H** für **H**olz.

#### KENNBUCHSTABEN FÜR MÄNNER

| Jahres-kennzahl | Monatskennzahl | | | | | | | | | | | |
|---|---|---|---|---|---|---|---|---|---|---|---|---|
| | 1 | 2 | 3 | 4 | 5 | 6 | 7 | 8 | 9 | 10 | 11 | 12 |
| 1 | E | M | M | E | H | H | E | W | F | E | M | M |
| 2 | E | W | F | E | M | M | E | H | H | E | W | F |
| 3 | E | H | H | E | W | F | E | M | M | E | H | H |
| 4 | E | M | M | E | H | H | E | W | F | E | M | M |
| 5 | E | W | F | E | M | M | E | H | H | E | W | F |
| 6 | E | H | H | E | W | F | E | M | M | E | H | H |
| 7 | E | M | M | E | H | H | E | W | F | E | M | M |
| 8 | E | W | F | E | M | M | E | H | H | E | W | F |
| 9 | E | H | H | E | W | F | E | M | M | E | H | H |

**Das Element Erde kommt in jeder der beiden folgenden Tabellen 36-mal vor, die anderen vier je 24-mal: Es gibt also mehr Erde-Menschen als Feuer-, Metall-, Wasser- und Holz-Menschen.**

#### KENNBUCHSTABEN FÜR FRAUEN

| Jahres-kennzahl | Monatskennzahl | | | | | | | | | | | |
|---|---|---|---|---|---|---|---|---|---|---|---|---|
| | 1 | 2 | 3 | 4 | 5 | 6 | 7 | 8 | 9 | 10 | 11 | 12 |
| 1 | M | E | F | W | E | H | H | E | M | M | E | F |
| 2 | H | E | M | M | E | F | W | E | H | H | E | M |
| 3 | W | E | H | H | E | M | M | E | F | W | E | H |
| 4 | M | E | F | W | E | H | H | E | M | M | E | F |
| 5 | H | E | M | M | E | F | W | E | H | H | E | M |
| 6 | W | E | H | H | E | M | M | E | F | W | E | H |
| 7 | M | E | F | W | E | H | H | E | M | M | E | F |
| 8 | H | E | M | M | E | F | W | E | H | H | E | M |
| 9 | W | E | H | H | E | M | M | E | F | W | E | H |

Hier zwei Anwendungsbeispiele.

■ Angenommen, Sie sind weiblich und am 15. Mai 1961 geboren. Dann ist Ihre Jahreskennzahl 3, Ihre Monatskennzahl 4. In der 3. Zeile der 4. Spalte in der Kennbuchstabentabelle für Frauen finden Sie H. Also ist Holz Ihr Element.

■ Angenommen, Sie sind männlich und am 27. Januar 1957 geboren. Dann ist Ihre Jahreskennzahl 8 (nach dem chinesischen Kalender zählen Sie noch zu 1956), Ihre Monatskennzahl 12. In der 8. Zeile der 12. Spalte in der Kennbuchstabentabelle für Männer finden Sie F. Also ist Feuer Ihr Element.

## Negative und positive Einflüsse

**Gegen Menschen, die Ihnen nicht gut tun, wappnen Sie sich am besten, indem Sie sich mit einem Menschen des Ihr Element fördernden Elements verbünden, der meist gleichzeitig der Antagonist Ihres »Feindes« ist.**

Nun kennen Sie Ihr Element. Lesen Sie noch einmal unter »Die Elemente« auf Seite 87ff. nach, was über die Merkmale der Menschen Ihres Elements gesagt wurde. Erkennen Sie sich wieder oder nicht? Wenn die Beschreibung in manchen Punkten abweichen sollte, bedenken Sie bitte, dass wir hier nur die Hauptcharakteristika aufzeigen konnten; für eine genauere Analyse sind komplizierte Berechnungen nötig.

Jetzt können Sie auch, wenn Sie unter »Der zerstörende Kreislauf« nachschlagen, herausfinden, welche Menschen sich mit Ihnen nicht vertragen, welche einen ungünstigen Einfluss auf Sie ausüben oder Ihnen sogar gefährlich werden.

### Wenn Menschen Ihnen nicht gut tun

Überlegen Sie, welche Menschen in Familie, Beruf und Gesellschaft für Sie wichtig sind. Berechnen Sie deren Element. Ist es eines, das nach der Fünf-Elemente-Lehre zerstörerisch auf Ihr Element wirkt, dann kann es sein, dass dieser Mensch Sie unterdrückt oder ausnutzt oder Ihnen – vielleicht ganz unbewusst – sonstwie schadet. Dagegen können Sie jedoch etwas tun.

■ **Feuer-Menschen** können den für sie negativen Einfluss von Wasser-Menschen abwehren, indem sie das Element Holz ins Spiel bringen oder einen Holz-Menschen zu ihrem Verbündeten machen. Denn Holz saugt das Wasser auf, so dass es dem Feuer nicht mehr schaden kann. Andererseits stärkt (nährt) Holz das Feuer.

Umgeben Sie sich mit Holzmöbeln, Pflanzen, Statuen und Leuchtern, und bevorzugen Sie die Holz-Farbe Grün in Ihrer Wohnung.

▰▰ **Erde-Menschen** können den für sie negativen Einfluss von Holz-Menschen abwehren, indem sie das Element Feuer ins Spiel bringen und einen Feuer-Menschen zu ihrem Verbündeten machen. Denn Feuer verbrennt das Holz und erzeugt andererseits neue Erde (Asche).

Bevorzugen Sie die Feuer-Farbe Rot: rote Gardinen, Möbel, Kissen, Aktenordner und – soweit möglich – Kleidungsstücke. Lassen Sie so oft wie möglich eine Kerze brennen. Ein Ofen oder Kamin mit »echtem« Feuer wäre in Ihrer Wohnung ideal.

▰▰ **Metall-Menschen** können den für sie negativen Einfluss von Feuer-Menschen abwehren, indem sie das Element Erde ins Spiel bringen und einen Erde-Menschen zu ihrem Verbündeten machen. Denn mit Erde kann man Feuer löschen, auf der anderen Seite bringt Erde Metall hervor und erzeugt Energien für den Metall-Menschen.

Gestalten Sie Ihre Umgebung in den Erde-Farben Braun und Gelb. Platzieren Sie Blumentöpfe und -kästen in Ihrer Nähe. Ihre Möbel und Gebrauchsgegenstände sollten eine flache oder rechteckige Erde-Form haben.

▰▰ **Wasser-Menschen** können den für sie negativen Einfluss von Erde-Menschen abwehren, indem sie das Element Metall ins Spiel bringen und einen Metall-Menschen zu ihrem Verbündeten machen. Denn Metall bringt Wasser hervor, das heißt, Metall führt ihnen Energie zu.

Umgeben Sie sich mit Metallmöbeln, -geräten und -werkzeugen, mit runden und gebogenen Formen, und bevorzugen Sie die Metall-Farbe Weiß: weiße Wände im Büro, in dem Sie vielleicht mit einem Erde-Menschen zusammenarbeiten, oder weiße Wände bzw. Gardinen im Wohnzimmer, in dem Sie mit einem Erde-Familienmitglied zusammensitzen.

▰▰ **Holz-Menschen** können den für sie negativen Einfluss von Metall-Menschen abwehren, indem sie das Element Wasser ins Spiel bringen und einen Wasser-Menschen zu ihrem Verbündeten machen. Denn Wasser nährt das Holz und gibt ihm Kraft, andererseits macht es das Metall stumpf und lässt es rosten.

Stellen Sie in Ihrer Umgebung einen Zimmerspringbrunnen oder ein Aquarium auf, hängen Sie ein Bild mit Wellen oder Bergketten an Ihrem Arbeitsplatz auf. Platzieren Sie schwarze, graue oder blaue Gegenstände in Ihrer Nähe.

**Nach dem Kriterium der Elementzugehörigkeit lassen sich auch Lerngruppen und Arbeitsteams zusammenstellen. Es erleichtert auch die Suche nach einem »verträglichen« Partner.**

99

## Welche Menschen Ihnen gut tun

Lesen Sie unter »Der aufbauende Kreislauf« noch einmal nach, welches Element einem anderen förderlich ist. Daraus können Sie ableiten, welche Menschen Ihnen gut tun.

■ Feuer-Menschen sind gut für Erde-Menschen, denn Feuer erzeugt neue Erde (Asche).

■ Erde-Menschen sind gut für Metall-Menschen, denn aus der Erde wird Metall gewonnen.

■ Metall-Menschen sind gut für Wasser-Menschen, denn Metall erzeugt Wasser.

■ Wasser-Menschen sind gut für Holz-Menschen, denn das Wasser führt dem Holz Nährstoffe zu.

■ Holz-Menschen sind gut für Feuer-Menschen, denn Feuer wird durch Holz genährt.

Seien Sie dankbar für die Unterstützung, die Ihnen von anderen Menschen zuteil wird, und achten Sie darauf, dass sie sich nicht völlig verausgaben, sondern von Ihnen Energie zurückerhalten.

**Das Wissen über die energetischen Wechselbeziehungen zwischen den fünf Elementen sowie über die Gesetzmäßigkeiten des Chi verleiht Macht. Gehen Sie verantwortungsbewusst mit ihr um, und setzen Sie Feng Shui niemals zum Schaden anderer ein!**

### SCHADEN ANRICHTEN MIT FENG SHUI?

Das Feng Shui beschreibt bestimmte positive und negative energetische Wechselbeziehungen, liefert aber keine moralischen Grundsätze, wie man mit dem Wissen umgehen soll; es ist also wertneutral.

Wenn man weiß, was einem anderen Menschen schadet, kann man dieses Wissen natürlich auch einsetzen, um ihn zu schwächen. Lillian Too erzählt z. B. in einem ihrer Bücher (siehe »Literatur« Seite 140), dass verschiedene Geschäftshäuser in Hongkong sich dadurch zu schaden versuchten, dass sie mit Feng-Shui-Mitteln möglichst viel schädliches Chi in das Verwaltungsgebäude des Konkurrenten lenkten.

Die Erfahrung lehrt allerdings, dass alles Böse, das man einem anderen Menschen antut, irgendwann – wie ein Bumerang – zu einem selbst zurückkommt, vielleicht in anderer Form, an einem anderen Ort. Deshalb ist es besser, sich auf den aufbauenden Kreislauf der fünf Elemente zu besinnen. Denn der Wirkungsmechanismus gilt auch umgekehrt: Das Gute, das wir in die Welt setzen, gebiert Gutes und kehrt eines Tages zu uns zurück.

*Die chinesischen Tier-
kreiszeichen sind keine
Sternzeichen, sondern
stehen als Symbole für
bestimmte Persönlich-
keitsprofile.*

# Die chinesischen Tierkreiszeichen

Ähnlich wie in der westlichen Welt gibt es auch im Fernen Osten zwölf Tierkreiszeichen, die jeweils den in diesem Zeichen geborenen Menschen bestimmte Charaktermerkmale zuweisen. Sie heißen jedoch anders als bei uns, nämlich Hund, Schwein, Ratte, Ochse, Tiger, Hase, Drache, Schlange, Pferd, Ziege (Schaf), Affe, Hahn.

Diese Zeichen werden dem Geburtsjahr eines Menschen zugeordnet und nicht seinem Geburtsmonat wie bei uns.

Die chinesischen Tierkreiszeichen sind keine Sternzeichen und nicht am Himmel zu finden, sondern eher als Symbole für bestimmte Eigenschaftsprofile zu betrachten. Da das Feng Shui eng mit der chinesischen Astrologie verbunden ist, lohnt es, sich mit ihnen näher zu beschäftigen, um über die eigene Persönlichkeit und die anderer Menschen, mit denen wir zu tun haben, mehr zu erfahren und dieses Wissen für die Harmonisierung des Chi zu nutzen.

**Das Zeichen, in dem Sie nach dem chinesischen Horoskop geboren sind, finden Sie neben Ihrem Geburtsjahr im Anhang Seite 137ff. Auch hier müssen Sie – wie bei der Monatskennzahl – berücksichtigen, dass das chinesische Jahr immer ein paar Tage oder Wochen später beginnt.**

## Die Charaktermerkmale

Suchen Sie im Anhang in der Tabelle »Die chinesischen Tierkreiszeichen« Ihr Tierkreiszeichen heraus, und lesen Sie im Folgenden, welche Charaktermerkmale ihm zugeschrieben werden.

Fertigen Sie sich eine Tabelle wie die nachfolgende an, in die Sie alle Ihnen nahestehenden Menschen mit ihren Tierkreiszeichen eintragen.

| PERSON | TIERKREISZEICHEN |
|---|---|
| Ich | Pferd |
| Mein Partner | Drache |
| Vater | Ratte |
| Mutter | ............................. |
| Bruder | ............................. |
| Schwester | ............................. |
| Tochter | ............................. |
| Sohn | ............................. |
| ............................. | ............................. |

### Im Jahr (Zeichen) des Hundes Geborene

■ Hund-Menschen sind ehrlich, treu, mutig und gerechtigkeitsliebend. Sie sind stets wachsam und stehen häufig unter Stress.

■ Sie gehen nicht mit der Masse, kämpfen für hohe Ziele und können dabei sehr ausdauernd sein. Geld und Besitz sind ihnen nicht wichtig, sie legen auch keinen übertriebenen Wert auf korrekte Kleidung. Sie sorgen aufmerksam und verantwortungsbewusst für ihre Angehörigen und bleiben daher selten allein.

■ Ihre Begabung liegt auf dem Gebiet der Technik, sie können gut Apparate und Maschinen reparieren und bedienen.

### Im Jahr (Zeichen) des Schweins Geborene

■ Schwein-Menschen sind fürsorglich und gutmütig, immer gut gelaunt, tolerant und ehrlich. (Das Schwein gilt in China als Glückssymbol, ähnlich wie unser »Glücksschwein«.)

■ Sie reden gern darüber, was sie erlebt und gelesen haben, und engagieren sich oft in der Politik. Sie lieben Genuss, Wein, Weib und Gesang und sind auch manchmal faul.

■ Haben sie nach langem Für und Wider einmal ein Ziel ins Auge gefasst, können sie hart dafür arbeiten. Sie sind allerdings keine Kämpfernaturen, sondern Angreifern gegenüber meist wehrlos, weil sie so gutmütig und friedliebend sind.

**Das chinesische Schriftzeichen für »Schwein« kann auch mit »Wildschwein« übersetzt werden. In China verbindet man mit diesem Tiernamen keine negativen Gedanken oder Gefühle.**

## Im Jahr (Zeichen) der Ratte Geborene

■ Ratte-Menschen sind ehrgeizig, streben nach Geld und Macht (zum Teil auch, weil eine tief sitzende Existenzangst sie plagt), sind aber oft unentschieden.

■ In Gesellschaft begeben sie sich gern, sie wissen spannend zu erzählen und können sehr charmant sein. Außerdem verstehen sie andere gut zu beraten.

■ Sie können gut mit Informationen umgehen, da sie eine rasche Auffassungsgabe besitzen und das Wesentliche vom Unwesentlichen unterscheiden können.

## Im Jahr (Zeichen) des Ochsen Geborene

■ Ochse-Menschen sind geduldige »Arbeitstiere« (in China ist mit diesem Zeichen der Wasserbüffel gemeint), oft langsam und schwer beweglich, aber ausdauernd.

■ Sie sind genau und pflichtbewusst; mit einer gewissen Sturheit setzen sie ihre Prinzipien durch. Über diplomatisches Geschick verfügen sie nicht, ebenso sind ihnen Unklarheiten und Phantastereien zuwider.

■ Auch in Beziehungen sind sie geradlinig und haben für Romantik wenig übrig. Dank ihres konservativen Charakters erwecken sie jedoch bei ihren Mitmenschen Vertrauen.

## Im Jahr (Zeichen) des Tigers Geborene

■ Tiger-Menschen sind mutig, beherzt, zupackend und haben Führungsqualitäten. Sie lieben Abenteuer, Überraschungen und Herausforderungen.

■ Das Forschungs- und Jagdfieber ist ihre Triebfeder, ob es nun um eine neue Entdeckung, einen neuen Arbeitsbereich, einen Kunden oder ein gutes Geschäft geht.

■ Dabei erleben sie natürlich Rückschläge und Pleiten, und ihre Partner sollten ihnen nicht blindlings nacheifern. Da sie sich nur unwillig anderen Autoritäten beugen, sind Konflikte und Zerwürfnisse vorprogrammiert.

## Im Jahr (Zeichen) des Hasen Geborene

■ Hase-Menschen sind zuverlässig, ehrlich und treu und haben nur wenig Ehrgeiz. Sie können im Interesse anderer gut auf etwas verzichten.

**Typische Eigenschaften, die wir mit bestimmten Tieren verbinden, haben auch im Charakterprofil der in ihrem Zeichen geborenen Menschen ihre Spuren hinterlassen: die Umtriebigkeit der Ratte, die Schwerfälligkeit des Ochsen, der Wagemut des Tigers, die Treuherzigkeit des Hasen.**

■ Sie sind schnell und intelligent, bringen jedoch oft ihr Vorhaben nicht zu Ende. Dafür haben sie häufig Glück.

■ Mit anderen Menschen kommen sie gut zurecht, da sie einfühlsam, taktvoll und besonnen sind. Auseinandersetzungen gehen sie mit viel Geschick und Diplomatie aus dem Weg. Harmonie ist ihnen am wichtigsten.

### Im Jahr (Zeichen) des Drachen Geborene

■ Drache-Menschen sind intelligent, leistungsstark, sehr robust und zielstrebig. Daher haben sie auch viel Erfolg. (In China ist der Drache ein Symbol für Glück.)

■ Sie verfügen über Intuition, künstlerische Begabung (dem Drachen werden Zauberkräfte nachgesagt) und können sich gut ausdrücken, wovon sie reichlich Gebrauch machen.

■ Allerdings haben sie Schwierigkeiten, einen Partner auf Dauer zu gewinnen und an sich zu binden – Kritik und Kompromisse ertragen sie nicht.

### Im Jahr (Zeichen) der Schlange Geborene

**Die Schlange wird in China auch als »kleiner Drache« bezeichnet. Die beiden Zeichen haben viel Gemeinsames: Drache-Menschen und Schlange-Menschen gelten z. B. als Glückskinder.**

■ Schlange-Menschen sind nachdenklich und scharfsinnig. Geschmeidig und anmutig in ihren Bewegungen, zeichnen sie sich durch außergewöhnliche Intuition und Inspiration aus.

■ Ihre Ziele verfolgen sie konsequent und hartnäckig, wobei ihnen das Glück hold ist, doch von dem erreichten Besitz geben sie nur ungern etwas ab.

■ Im Umgang mit anderen Menschen zeigen sie Verständnis. Ihre Gefühle sind leidenschaftlich. Wenn man sie ärgert oder behindert oder wenn sie sich gekränkt fühlen, versprühen sie ihr »Gift«.

### Im Jahr (Zeichen) des Pferdes Geborene

■ Pferd-Menschen sind leistungsorientiert, zielstrebig und arbeiten »wie ein Pferd«, um zu Wohlstand und Macht zu kommen, wobei sie manchmal nicht zu bremsen sind, »durchgehen« und zu egoistischem Verhalten neigen.

■ Sie sind liebenswürdig, heiter und spontan, manchmal allerdings sehr direkt in ihren Bemerkungen.

■ Bewegung ist ihnen ein ständiges Bedürfnis, weshalb sie sich auch gern in Gesellschaft aufhalten und als Unterhalter glänzen. Dabei genießen sie den Beifall der anderen.

## Im Jahr (Zeichen) der Ziege Geborene

■ Ziege-Menschen (manchmal wird dieses Zeichen statt »Ziege« auch »Schaf« genannt ) haben gute verstandesmäßige und künstlerische Anlagen, viel Stilgefühl und Phantasie.

■ Sie stellen hohe Ansprüche, können sich aber auch anpassen und Erwartungen korrigieren, wenn es sein muss.

■ Im Geschäftsleben verstehen sie gut mit Menschen umzugehen, wobei ihnen innere Werte mehr bedeuten als materieller Besitz. Stress vertragen sie schlecht – sie brauchen eine starke Schulter, an die sie sich anlehnen können.

■ Im familiären Bereich lassen sie sich gehen und sind eher undiszipliniert und manchmal mürrisch.

## Im Jahr (Zeichen) des Affen Geborene

■ Affe-Menschen sind sehr lebendig, geistreich, phantasievoll und intelligent. Sie lesen viel und haben ein ausgezeichnetes Gedächtnis für Einzelheiten.

■ Sie sind kontaktfreudig und weltoffen, mischen sich gern ein und scheuen sich nicht, andere Menschen auf listige Weise zu beeinflussen und zu manipulieren. Geschickt verstehen sie deren Probleme zu lösen, was ihnen aufgrund ihres Einfallsreichtums nicht schwer fällt.

■ Zielstrebigkeit ist nicht ihre Sache, zu viele Dinge fesseln ihre Aufmerksamkeit auf einmal. Daher haben sie zwar jede Menge Liebhabereien, jedoch kaum dauerhaften Erfolg. Wegen dieser Unbeständigkeit sind sie im Alter nicht selten einsam – doch auch das tragen sie mit Humor.

**Der Affe-Mensch ist ein rühriger Zeitgenosse. Seine nichts außer Acht lassende Neugierde wird ihm leider oft zum Verhängnis: Er kann seine Kräfte nicht bündeln und verzettelt sich in Nebensächlichkeiten.**

## Im Jahr (Zeichen) des Hahns Geborene

■ Hahn-Menschen sind selbstsicher, mutig und setzen sich furchtlos für eine ihnen gerecht erscheinende Sache ein. Sie sind phantasievoll und voller Pläne, und da sie gut und zielstrebig arbeiten, bleibt ihnen auch der Erfolg meist nicht versagt.

■ Sie sind gute Unterhalter, manchmal auf Kosten anderer, denen sie ohne diplomatisches Geschick und geradeheraus die Meinung sagen. Manchmal stellen sie sich so in den Mittelpunkt, dass die Angehörigen es peinlich finden.

■ Sie haben ein großes Bedürfnis nach Anerkennung. Wenn sie die bekommen, setzen sie sich 100-prozentig ein.

### KOMBINATION VON TIERKREISZEICHEN UND ELEMENTEN

Sie können Ihr Tierkreiszeichen und Ihr Element miteinander kombinieren: z. B. als Feuer-Pferd, Erde-Pferd, Metall-Pferd, Wasser-Pferd oder Holz-Pferd – je nachdem. Dadurch summieren Sie die beiden Eigenschaftskomplexe und können Ihre Einsichten vertiefen. Mit dieser Methode können Sie natürlich auch den Charakter und das Wesen anderer Menschen besser ergründen.

## Günstige und ungünstige Kombinationen

**Es gibt »Tiere«, die gut miteinander auskommen, erfolgreich zusammenarbeiten können und sich auch privat blendend verstehen, während andere sich nicht vertragen oder sogar abstoßen können.**

Ähnlich wie es nach der Fünf-Elemente-Lehre Elemente gibt, die zueinander passen oder im Widerstreit miteinander liegen, kennt die chinesische Astrologie – wie die westliche – günstige und ungünstige Verbindungen von Tierkreiszeichen. Suchen Sie in der folgenden Übersicht Ihr Tierkreiszeichen heraus, und lesen Sie, mit welchen »Tieren« Sie harmonieren und welchen Sie besser aus dem Weg gehen sollten.

**Hund-Menschen** harmonieren am besten mit Pferd- und Tiger-Menschen. Nicht so gut sind Partnerschaften mit Hahn- und Drache-Menschen. Bei einer solchen Verbindung sollten Sie zusehen, dass Sie einen Affe-Menschen als Rückendeckung haben.

**Schwein-Menschen** kommen am besten mit Hase- und Ziege-Menschen aus. Die Zusammenarbeit bzw. das Zusammenleben mit Schlange-Menschen dagegen gestaltet sich schwierig. Suchen Sie in diesem Fall Verstärkung bei einem Affe-Menschen.

**Ratte-Menschen** passen am besten zu Drache-Menschen, in der Liebe auch zu Affe-Menschen. Mit Ziege-, Hase-, Pferd- und Tiger-Menschen vertragen sie sich in der Regel schlecht. Suchen Sie in diesen Fällen Unterstützung bei einem Schwein- oder Hund-Menschen.

**Ochse-Menschen** harmonieren am besten mit Schlange- oder Hahn-Menschen, in der Liebe auch mit Hund-Menschen. Weniger Erfolg versprechend sind Partnerschaften mit Pferd- und Ziege-

Menschen. Suchen Sie sich in diesen Fällen einen Hund-Menschen als Rückendeckung.

■■■■ **Tiger-Menschen** kommen am besten mit Pferd- und Hund-Menschen aus, in der Liebe auch mit ihren »Artgenossen«, also anderen Tiger-Menschen. Vor Affe-Menschen sollten sie sich jedoch in Acht nehmen. Suchen Sie in diesem Fall Unterstützung bei einem Tiger-Menschen.

■■■■ **Hase-Menschen** passen am besten zu Pferd-Menschen. Die Zusammenarbeit bzw. das Zusammenleben mit Affe- und Hahn-Menschen ist dagegen problematisch. Suchen Sie in solchen Fällen die Nähe zu Ratte-Menschen.

■■■■ **Drache-Menschen** harmonieren am besten mit Ratte- und Affe-Menschen, in der Liebe auch mit Tiger-Menschen. Weniger erfolgreich verlaufen Partnerschaften mit Hahn- und Hund-Menschen. Holen Sie sich in diesen Fällen Rückendeckung bei einem Hase-Menschen.

■■■■ **Schlange-Menschen** kommen am besten mit Hahn-Menschen zurecht, aber auch mit Drache- und Ochse-Menschen harmonieren sie. Vor Schwein-Menschen sollten sie jedoch auf der Hut sein. Suchen Sie in diesem Fall Unterstützung bei einem »Artgenossen«.

■■■■ **Pferd-Menschen** passen am besten zu Hund- und Tiger-Menschen. Die Zusammenarbeit bzw. das Zusammenleben mit Ochse-, Drache- und Ratte-Menschen dagegen gestaltet sich schwierig. Suchen Sie in diesen Fällen die Nähe zu einem Schlange-Menschen.

■■■■ **Ziege-Menschen** passen am besten zu Hase- und Pferd-Menschen. Die Zusammenarbeit bzw. das Zusammenleben mit Ratte- und Ochse-Menschen hingegen wirft Probleme auf. Holen Sie sich in diesen Fällen Rückendeckung bei einem Drache-Menschen.

■■■■ **Affe-Menschen** kommen am besten mit Ratte- und Drache-Menschen aus. Vor Schwein- und Tiger-Menschen sollten sie sich jedoch in Acht nehmen. Suchen Sie in diesen Fällen Unterstützung bei einem Affe-Menschen.

**Anhand der nebenstehenden Zuordnungen können Sie auch Teams (z. B. für die Arbeit oder im Sport) zusammenstellen. Die erfolgreichsten Dreiergruppen sind: Hund – Pferd – Tiger; Schwein – Hase – Schaf; Ratte – Drache – Affe; Hahn – Ochse – Schlange.**

**Hahn-Menschen** harmonieren am besten mit Ochse- und Schlange-Menschen. Nicht so gut sind Partnerschaften mit Hund- und Hase-Menschen. Suchen Sie in diesen Fällen die Nähe zu einem Pferd-Menschen.

---

### WIE SIE GEGENSÄTZE AUSGLEICHEN

Welche Möglichkeiten gibt es, wenn Sie notgedrungen mit einem Menschen zusammenleben oder -arbeiten müssen, der einem »feindlichen« Tierkreiszeichen angehört?
- Sie können ihn meiden.
- Sie können durch den Kontakt zu einem für Ihr Tierkreiszeichen passenden Dritten ein Gegengewicht schaffen.
- Sie können das entsprechende Bagua-Feld aktivieren.

---

## Perspektiven bis 2001

Wie die Menschen, die unter den verschiedenen Tierkreiszeichen geboren sind, stehen auch die Jahre selbst unter ihrem Vorzeichen. Die folgende Kurzcharakteristik gestattet Ihnen einen Ausblick in die Zukunft.

**Die Charakteristika des regierenden Tierkreiszeichens prägen auch die globale politische und wirtschaftliche Entwicklung und das Alltagsleben des einzelnen Menschen in diesem Jahr.**

**1998** war/ist ein Tiger-Jahr. Tiger-Jahre sind durch Unruhen und Gefahren gekennzeichnet. Mit Kriegen und Naturkatastrophen muss gerechnet werden. Mancher verliert die Nerven, oder sein Temperament geht mit ihm durch; Beleidigungen und Intoleranz sind nicht selten, Freundschaften oder Partnerschaften gehen in die Brüche. Das kann auch eine reinigende und klärende Wirkung haben. Neue Unternehmungen sollte man besser auf das nächste Jahr verschieben.

**1999** ist ein Hase-Jahr. Es bringt Ruhe und Frieden nach dem aufregenden, turbulenten Tiger-Jahr. Hase-Jahre sind glückliche Jahre ohne größere Krisen und Umwälzungen. Man versucht, andere zu überzeugen und sich mit ihnen zu versöhnen, anstatt ihnen Schaden zuzufügen und sie zu bekriegen. Unangenehme Entscheidungen vertagt oder umgeht man. Man gibt sich locker und entspannt und genießt die Freizeit.

■■■ **2000** ist ein Drache-Jahr. Drache-Jahre sind kraftvoll, gewaltig, dramatisch. Überschwemmungen und Feuersbrünste können auftreten, und alles, was geschieht, steigert sich ins Überdimensionale – Erfolge, Niederlagen, Ehrungen und Katastrophen.

■■■ **2001** ist ein Schlange-Jahr. In Schlange-Jahren werden Schönheit, Kunst und Mode hoch geschätzt. Politische Entscheidungen zeichnen sich durch Klugheit, Diplomatie und Eleganz aus. Aufsehen erregende wissenschaftliche Fortschritte sind zu erwarten.

# Die eigene Wahrnehmung des Chi

Wie Sie wissen, gibt es im Feng Shui viele Hilfsmittel, mit denen Sie Menschen einschätzen und die Beziehung zu ihnen regulieren können (das Bagua, die Fünf-Elemente-Lehre, die Tierkreiszeichen). Diese Instrumente können Sie jedoch ein Stück weit entbehren, wenn Sie so sensibilisiert sind, dass Sie das Chi im zwischenmenschlichen Bereich selbst wahrnehmen.

**Die feinen Schwingungen von Gegenständen, aus denen sich, auch in der Wohnung, das Energiefeld aufbaut, lassen sich mit wissenschaftlichen Verfahren messen oder – bei ausreichendem Training – vom Menschen ganzheitlich erfassen.**

### Die Eigenschwingung von Körpern

Normalerweise können wir die elektromagnetischen Schwingungen von Gegenständen nicht spüren, denn unsere Sinnesorgane empfangen Schwingungen nur bis zu einer bestimmten Stärke. Auch die Schwingungen des Chi, um die es hier geht, liegen jenseits der von uns gewöhnlich aufgenommenen Frequenzen und sind noch viel schwächer. Sie sind jedoch grundsätzlich wahrnehmbar.

---

#### EXPERIMENT: SCHALLWELLEN ERSPÜREN

Halten Sie Ihre Handfläche in fünf bis zehn Zentimeter Abstand vor den Lautsprecher eines eingeschalteten Radios. Spüren Sie die feinen Schwingungen in den Rillen? Sie sind zwar gröber als die Schwingungen des Chi, geben Ihnen aber einen Eindruck, wie sich solche Schwingungen anfühlen. Wenn Sie nichts spüren sollten, verkleinern oder vergrößern Sie den Abstand der Hand vom Lautsprecher so lange, bis Sie die richtige Entfernung gefunden haben.

---

Schwingungen von Gegenständen und Lebewesen sind zwar feiner als die Schallwellen aus dem Lautsprecher, doch Sie können üben, auch diese wahrzunehmen, indem Sie – genau wie beim Lautsprecher – Ihre Handfläche in die Nähe halten.

Wenn Sie die Augen schließen und Ihre Hand langsam dem Gegenstand (oder der Pflanze) annähern, werden Sie in einiger Entfernung einen minimalen Widerstand spüren, so als ob Sie auf Watte stoßen: Hier beginnt das Schwingungsfeld des Gegenstandes. Nach einiger Übung mit verschiedenen Gegenständen (oder Pflanzen) werden Sie Unterschiede feststellen.

Versuchen Sie, die Unterschiede genau in Worte zu fassen. Sind die Energien, die Sie wahrnehmen, dünn oder eher dicht? Stark oder schwach? Ruhig fließend oder eher unruhig und wechselhaft? Mit der Zeit werden Sie solche Schwingungen wahrnehmen können, auch ohne Ihre Hand als »Fühler« zu Hilfe zu nehmen.

**Die Ausstrahlung des Menschen besteht aus feinsten Schwingungen, die von den Körperzellen ausgesandt werden und sich zu einem Gesamteindruck summieren.**

---

### DEM CHI AUF DER SPUR

Professor Popp in Kaiserslautern und seine Forschungsgruppe können mit den Mitteln der Biophysik das elektromagnetische Energiefeld des Menschen sichtbar machen und messen (siehe »Literatur« Seite 140). Solche Energiefelder gibt es nicht nur beim Menschen, sondern auch bei Tieren, Pflanzen und Gegenständen. Professor Popp ist der Ansicht, dass es sich bei diesen Energiefeldern um das Chi der Chinesen handelt.

---

## Die Ausstrahlung des Menschen

Wenn Sie die eben genannten Übungen öfter durchführen und so Ihren »Empfang« für Schwingungen verfeinern, werden Sie auch in der Lage sein, die Energiefelder einzelner Menschen wahrzunehmen, die sich ebenso unterscheiden wie ihre Gesichtszüge und ihre Kleidung. Diese Energiefelder nennen wir »Ausstrahlung«.

■ Jemand hat eine beruhigende Ausstrahlung: Er harmonisiert die Energiefelder anderer Menschen und entspannt sie.

■ Jemand hat eine kraftvolle Ausstrahlung: Er zwingt vielleicht anderen seine Energien bzw. Energiemuster auf und übt dadurch Macht aus, besonders gegenüber energetisch Schwächeren.

■ Jemand hat eine verwirrende oder widersprüchliche Ausstrahlung: Er beunruhigt sein Gegenüber und bringt dessen Energiefeld
möglicherweise in Unordnung.

■ Jemand wirkt sanft, wehrlos, verletzlich: Er zieht aggressive Personen an, die seine energetische Schwäche leicht ausnutzen.

### Verbesserung des Energiefeldes durch Loslassen

Manchmal hat man keine »Antenne« für andere, weil das eigene Energiefeld gestört ist, weil man selbst durch negative Energien
blockiert ist, wenn man z. B. Groll gegen einen Menschen hegt, auf
ein bestimmtes Wunschobjekt ganz versessen ist, Angst vor einem
Ereignis oder immer wiederkehrende Schuldgefühle hat.

In solchen Situationen muss man die negativen Energien loslassen
lernen, wenn man sein Chi harmonisieren und wieder frei für den
»Empfang« der energetischen Schwingungen anderer werden
möchte. Dazu gibt es verschiedene Möglichkeiten.

■ Ein gläubiger Mensch kann das, was ihn bedrängt und quält, Gott
»übergeben«, sich dadurch von seiner Verhaftung lösen und inner-
lich frei werden.

■ Als Entspannungsmethode hat sich vor allem das autogene Training nach Schultz bewährt, bei dem der Übende durch Autosugges-
tion einzelne Muskelpartien entspannt und dadurch zu innerer Ruhe
und Gelassenheit findet.

■ Weitere Techniken, bei denen das richtige Atmen eine wichtige
Rolle spielt, bieten Yoga, die funktionelle Entspannung nach Fuchs,
die progressive Muskelrelaxation nach Jacobson und das so genannte Co-Counseln an.

*Es gibt unterschiedliche Ausstrahlungsfelder: kraftvoll, beruhigend, verwirrend, verletzlich (von links nach rechts).*

**Wut, Angst und Schuldgefühle blockieren unser Denken und Fühlen oder verfälschen unsere Eindrücke so, dass sie der wirklichen Situation nicht mehr entsprechen und wir unser Visavis nur verzerrt wahrnehmen.**

# Feng Shui und Gesundheit

Die chinesische Medizin und das Feng Shui haben ein anderes Verständnis von Gesundheit und Krankheit als die westliche Schulmedizin oder Allopathie: Körperliche und seelische Störungen werden als Folge der aus dem Gleichgewicht geratenen Lebensenergien betrachtet, das heißt, der Fluss des Chi ist beeinträchtigt. Folglich kann man die Gesundheit wiederherstellen bzw. erhalten, wenn man im Voraus schon für einen gesunden Chi-Fluss sorgt bzw. mit Feng-Shui-Maßnahmen schädliche Einflüsse beseitigt.

■ Nach dem Feng Shui stehen die einzelnen Felder des Bagua-Rasters mit bestimmten körperlichen Beschwerden oder Krankheiten in Zusammenhang; das heißt, mit Chi-freundlicher (Um-)Gestaltung der betreffenden Felder kann man gegen Störfaktoren der Gesundheit angehen (siehe unten).

■ Ebenso gibt es der chinesischen Medizin und dem Feng Shui zufolge bestimmte Nahrungsmittel, die für einen energetischen Ausgleich und damit für das harmonische Gleichgewicht des Chi sorgen (siehe Seite 120ff.).

■ Schließlich bedienen sich auch Feng-Shui-Experten der traditionell im Westen praktizierten Methode des Rutengehens, um Wasseradern und störende Energiefelder aufzuspüren, die Krankheiten hervorrufen können (siehe Seite 131ff.).

## Das Chi im Körper

Im Idealfall breitet sich das Chi überall im Körper gleichmäßig aus. Dabei benutzt es bestimmte »Straßen«, die Meridiane. Oft treten in diesen Bahnen jedoch Staus auf, das heißt, das Chi sitzt fest und kann nicht weiterfließen. Wir sprechen dann von Blockierungen. Normalerweise werden sie durch Muskelverspannungen hervorgerufen. Diese wiederum werden meist durch Außenreize ausgelöst, z. B. durch Temperaturunterschiede, Stress, Disharmonien in unserer Umgebung oder auch durch beunruhigende Gedanken und Gefühle, deren wir uns oft gar nicht bewusst sind.

**Die Meridiane sind keine Leitungen wie Nerven oder Blutgefäße, sondern unsichtbare Bahnen, in denen das Chi durch den Körper fließt. Wodurch es in diesen Bahnen gehalten wird, ist noch nicht erforscht.**

**Beispiel: Blockierung durch störendes Andenken**

Frau P. bewohnte ein hübsches, geschmackvoll eingerichtetes Zweizimmerapartement. Sie war schon längere Zeit arbeitslos und wollte nicht in ihren früheren Handwerksberuf zurückkehren; sie wusste aber auch nicht, welcher Tätigkeit sie stattdessen nachgehen sollte.

**Entschlusslosigkeit und falsche Entscheidungen können auf einer Chi-Stauung in der Wohnung beruhen. Durch Raumklärung kann eine Änderung herbeigeführt und eine neue Perspektive eröffnet werden.**

Mit ihrer Feng-Shui-Beraterin führte sie ein Reinigungsritual durch, das störungsfrei verlief, bis sie an den Kleiderschrank im Bagua-Feld »Wissen« kam. Dort befand sich eine körperlich spürbare Blockierung: Wie ein Nebel stand das gestaute Chi um den Schrank. Das entsprach Frau P.s Lebenssituation: Ihr Wissen war blockiert, ihr fehlte jede Idee, was sie beruflich anfangen sollte. Wo genau lag die Ursache der Blockierung? Der Schrank war aufgeräumt und sah sehr ordentlich aus. Aber irgendetwas stimmte in diesem Bereich nicht.

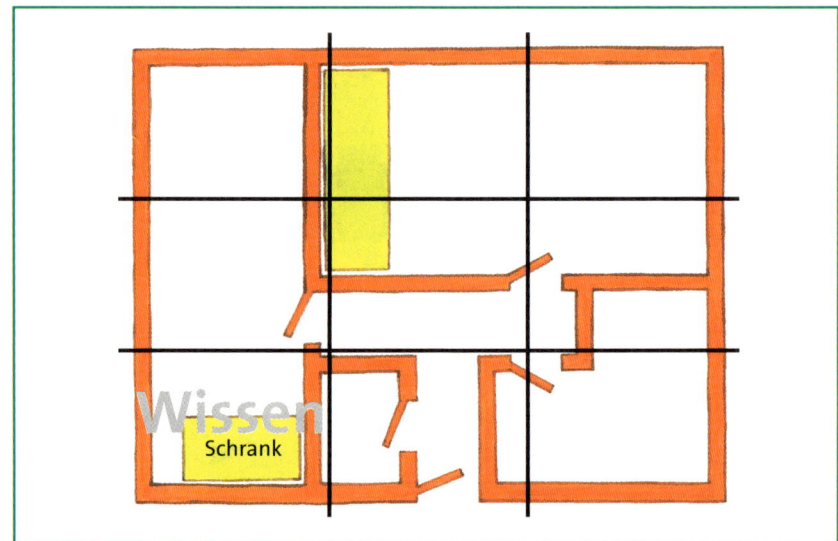

*Alte Erinnerungsstücke, die in der Gegenwart keinerlei Platz mehr haben, können Chi-Blockaden hervorrufen.*

Im Gespräch stellte sich heraus, dass Frau P. Briefe und Fotos ihres ehemaligen Lebensgefährten in einer Schachtel im Schrank aufbewahrte. Nach einigem Zureden war Frau P. bereit, sich von dieser »Altlast« zu trennen: Sie warf die Erinnerungsstücke in den Altpapiercontainer.

Jetzt konnte sie freier denken und Entscheidungen treffen. Inzwischen hat sie einen vielversprechenden Kontakt zu einem potenziellen neuen Arbeitgeber geknüpft.

## Krankheiten durch Blockierungen

Kein Mensch ist frei von Blockierungen – nur wissen die meisten nicht, dass und wo sie überall in ihrem Körper auftreten. Leider lösen sich Blockierungen selbst in längeren Ruhephasen, in der Freizeit oder während des Urlaubs nicht immer wieder auf. Wenn sie aber nicht beseitigt werden, rufen sie auf Dauer Schmerzen und Krankheiten hervor.

■ Der chinesische Arzt löst Blockierungen durch Akupunktur; das heißt, er stellt fest, an welcher Stelle die Meridiane sind, und setzt eine Nadel, die den Fluss des Chi wieder in Gang bringt.

■ Das Feng Shui ist bemüht, die äußeren Störfaktoren auszuschalten, die Blockierungen und Krankheiten verursachen können, indem es eine harmonische Umgebung schafft.

Wenn jemand immer wieder krank wird, ist das ein Zeichen für Blockierungen bzw. Chi-Mangel. In solchen Fällen muss man prüfen, ob so genannte Giftpfeile außerhalb oder innerhalb des Hauses das Chi destabilisieren, ob sich beispielsweise Gegenstände im Haus befinden, deren Herkunft und »Geschichte« man nicht genau kennt, wie etwa Antiquitäten oder Sammelstücke. Besonders Waffen können die Ausgewogenheit des Chi stören.

**Durch Akupunktur wird der Chi-Fluss wieder in Gang gebracht. Auf dem Einstich-Prinzip basiert auch die Erdakupunktur: Bei Störzentren werden lange Metallpfähle in den Boden gebohrt, um die Erde zu heilen.**

## Der Anteil des Chi und die Folgen

Menschen mit einem hohen Chi-Anteil sind gesund und ziehen das Glück an. Je mehr Chi sich in einer Wohnung befindet, umso gesünder sind die Bewohner. Professor Jes Lim hat ein Verfahren entwickelt, mit der man das Chi in der Wohnung messen kann. Dabei hat er Folgendes festgestellt:

■ Wenn das Chi in einer Wohnung unter 40 Prozent sinkt, kann der Pilzgehalt um bis zu 60 Prozent und der Bakteriengehalt um bis zu 30 Prozent steigen. Häufig treten nach einiger Zeit Herz-Kreislauf-Beschwerden oder Gelenkkrankheiten auf.

# Das Bagua und die Körperteile

Hinweise auf Gefahren für unsere Gesundheit kann uns das Bagua-Raster geben. Der Schnitt unserer Wohnung und die Anordnung der Möbel können bestimmte körperliche oder seelische Zustände hervorrufen. Jede Krankheit hat ein ganz bestimmtes Schwingungsmuster, das sich in unserer Umgebung wieder findet, als Muster, Farbe oder Struktur.

Der folgenden Tabelle können Sie entnehmen, welchem Bagua-Feld welcher Körperteil zugeordnet ist.

---

### BAGUA-FELDER UND KÖRPERTEILE

| Bagua-Feld | Körperteil |
|---|---|
| Karriere | Ohr |
| Wissen | Hand |
| Familie | Fuß |
| Wohlstand | Hüfte |
| Anerkennung | Auge |
| Partnerschaft | Innere Organe |
| Kinder | Mund |
| Freunde und Helfer | Kopf |
| Tai Chi | Übrige Körperteile |

---

**In der nebenstehenden Tabelle können Sie ablesen, welche Wohnungsbereiche Sie bei bestimmten gesundheitlichen Störungen aktivieren müssen, um Besserung und Genesung herbeizuführen.**

Diese Tabelle weist Sie darauf hin, dass die Ursache einer Krankheit oder Beschwerde möglicherweise in Ihrem Wohnumfeld begründet liegt. Wie Sie sie anwenden, wollen wir am Beispiel Augenbeschwerden zeigen.

■ Sehen Sie nach, welchem Bagua-Feld die Augen zugeordnet werden – es ist der Bereich »Anerkennung«.

■ Prüfen Sie in diesem Bereich Ihrer Wohnung, ob irgendeine Störung vorliegt, die den Fluss des Chi behindert. Es kann sein, dass in diesem Bereich eine Ecke fehlt (Fehlzone), dass hier Unordnung entstanden ist oder eine elektrische Leitung defekt ist. Vielleicht steht auch ein Möbelstück im Weg, wenn man durch das Zimmer gehen will.

■ Unterziehen Sie in der gleichen Weise auch in jedem einzelnen Zimmer den Bereich »Anerkennung« einer kritischen Prüfung (zum Zimmer-Bagua siehe Seite 15ff.).

■ Überprüfen Sie alle Fenster in Ihrer Wohnung, ob sie beschädigt, undicht sind oder vielleicht klemmen, denn bekanntlich haben die Augen einen inneren Bezug zum Fenster (Die Augen als »Fenster zur Seele«).

■ Beseitigen Sie die Störungen und Mängel in Ihrer Wohnung, so dass das Chi wieder frei fließen kann – dann können auch Ihre Augenbeschwerden abklingen und verschwinden.

Genauso wie bei Augenbeschwerden wenden Sie die Tabelle bei anderen gesundheitlichen Beeinträchtigungen an: Bei Schmerzen im Fuß aktivieren Sie den Bereich »Familie«, bei einer Hüftgelenkentzündung den Bereich »Wohlstand« usw.

Im Folgenden gehen wir noch kurz auf einige Beschwerden und Erkrankungen ein, die mit bestimmten Mängeln in der Wohnung oder im Haus zu tun haben.

### Magen-Darm-Probleme

Überprüfen Sie die Mitte (Tai Chi) Ihrer Wohnung und jedes einzelnen Zimmers sowie alle Partnerschaftsbereiche, und nehmen Sie die notwendigen Veränderungen vor. Durchfall und Blasenschwäche stehen mit dem Wasserleitungs- oder Abwassersystem im Haus in Verbindung; sehen Sie also nach, ob es dort undichte Stellen gibt.

### Atmung

Nehmen Sie bei Atembeschwerden besonders die Eingangstür (den »Mund des Hauses«) in Augenschein, aber auch alle anderen Türen und Flure. Sie sollten frei sein und den Durchgang nicht behindern. Eventuell können Sie durch zusätzliche Beleuchtung und einige Pflanzen mehr Chi zuführen.

### Knochen- und Gelenkkrankheiten

Diese Krankheiten haben mit den Türangeln und dem Schließmechanismus zu tun. Steife Gelenke können mit quietschenden Türangeln oder schlecht schließenden Türen – auch an Schränken – in Zusammenhang stehen. Überprüfen Sie, ob sich alle Schubladen leicht herausziehen und zuschieben lassen, und ölen Sie sie gegebenenfalls.

### Herz-Kreislauf-Erkrankungen

Bei diesen Krankheiten können die Kreislaufsysteme des Hauses die Ursache sein, also die Wasser-, Abwasser- und elektrischen Leitungen. Beseitigen Sie alle Schäden an diesen Leitungen. Entfernen Sie auch Hindernisse in Fluren und Durchgängen.

**Auch ein Haus hat – wie der Körper – verschiedene Kreislaufsysteme: das Trink- und Abwassersystem, Gas- und Elektroleitungen, Telefonleitungen sowie Fernsehkabel und -antennen.**

### Beispiel: Den Energiefluss verlangsamen

N. K. berichtet: Ich bin vor drei Jahren in meine jetzige Wohnung gezogen, in der ich mich anfangs sehr wohl fühlte. Nach ein paar Monaten bemerkte ich jedoch, dass ich nervös und ungeduldig war – nichts ging mir schnell genug, am liebsten hätte ich Arbeiten sofort erledigt, die erst in der kommenden Woche anfielen. Ich hatte häufig Herzrasen, konnte schlecht schlafen und wachte nachts mehrmals auf. Mein Hausarzt stellte Bluthochdruck fest.

Ich überlegte mir, ob das mit meiner Wohnung in Zusammenhang stehen könnte. Da mir bekannt war, dass nach dem Feng Shui der Kreislauf dem Bereich »Tai Chi« zugeordnet wird, prüfte ich dieses Bagua-Feld in meiner Wohnung. Es lag in meinem Wohnzimmer, das nach den Regeln des Feng Shui einen gravierenden Mangel hatte. Zwei Türen lagen einander unmittelbar gegenüber: die, durch die man hereinkam, und die, durch die man in die hinteren Räume gelangte.

Bisher hatte mich das nicht sonderlich gestört – aber störte es vielleicht meine Gesundheit? Hing die Beschleunigung meines Kreislaufs womöglich damit zusammen, dass das Chi allzu schnell durch die Wohnungsmitte floss? Wenn ja, was konnte ich dagegen unternehmen?

Ich stellte einen kleinen runden Tisch in die Mitte des Wohnzimmers zwischen die beiden Türen und setzte eine Vase darauf, so dass das Chi einen Bogen machen musste und seitlich ins Zimmer gelenkt wurde.

Diese Anordnung gefiel mir jedoch bald nicht mehr, denn nun musste ja auch ich einen Bogen machen, wenn ich mich in ein anderes Zimmer begeben wollte, und dabei stieß ich oft an den Tisch, und die Vase fiel um.

Welche Alternativen gab es? Lange überlegte ich hin und her, bis mir beim Aufräumen die ungefähr eineinhalb Meter lange Windsocke aus Stoff in die Hände kam, die ich letztes Jahr aus dem Urlaub mitgebracht hatte. Sollte ich die zwischen den beiden Türen aufhängen?

Ich fand, dass es einen Versuch allemal wert war, und tatsächlich störte mich die Windsocke weitaus weniger als der Tisch vorher. Sie bremste das Chi, behinderte aber nicht den Durchgang, da sie ja von der Decke herabhing, und die Gefahr, mich zu verletzen, war ausgeschlossen.

Allerdings passte die grelle bunte Farbe der Windsocke überhaupt nicht in mein Wohnzimmer. Ich brauchte etwas farblich Ruhigeres, Entspannendes, Dämpfendes, etwas, was auch auf meine Fenstervorhänge abgestimmt war.

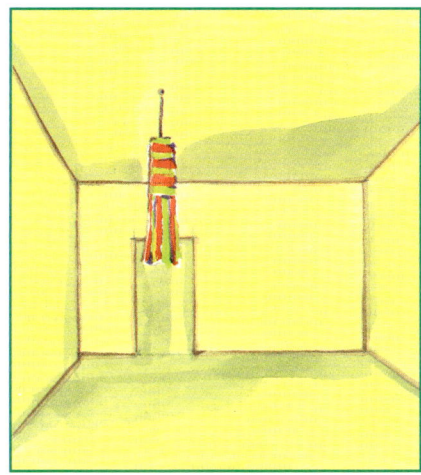

Nach einigem Überlegen beschloss ich, selbst eine Windsocke anzufertigen. Ich schnitt mir einen 40 Zentimeter langen Streifen aus Pappe zurecht, bog ihn zu einem Kreis und klebte die Enden zusammen.

Dann nahm ich ein ebenso langes, rechteckiges Stück vom übrig gebliebenen blaugrünen Vorhangstoff, bildete daraus eine Röhre und klebte sie unten an den Pappring. An dem unteren Rand der Röhre befestigte ich aus dem gleichen Stoff mehrere einzelne, etwa fünf Zentimeter breite Streifen. Zum Schluss bohrte ich in den Pappring Löcher, durch die ich eine Schnur zog, an der ich meine neue Windsocke anstelle der farblich schrillen aufhing.

Ob die Senkung meines Blutdrucks, das Verschwinden meiner Nervosität und mein besserer Nachtschlaf in den darauf folgenden Wochen mit meiner Windsocke zu tun hatten, kann ich natürlich nicht mit 100-prozentiger Sicherheit sagen, aber ich bin davon überzeugt.

**Die Kunst des Feng Shui besteht vor allem darin, für den richtigen Fluss des Chi in der Wohnung zu sorgen: Einerseits darf es sie nicht »in rasendem Tempo« durcheilen, andererseits darf es nicht durch massive Gegenstände blockiert werden. Mit einer Windsocke wie in der nebenstehenden Abbildung lässt sich die Chi-Geschwindigkeit genau regulieren.**

## Weitere Möglichkeiten, den Chi-Fluss zu bremsen

■ Das Bekleben des Türrahmens und der Fläche oberhalb der Tür mit Spiegelfolie. Die Folie wirft das Chi in den Raum zurück.

■ Das Auslegen eines quer gestreiften Teppichs zwischen den beiden Türen. Die Querstreifen wirken als Hindernisse für das Chi.

■ Anstelle der Windsocke kann man eine Mobile aus Papierstreifen anbringen, auf die man die in diesem Bagua-Bereich erwünschten Eigenschaften geschrieben hat, z. B.

| | | | |
|---|---|---|---|
| Frieden | Gelassenheit | Mut | Offenheit |
| Kraft | Freude | Verständnis | Herzlichkeit |
| Intelligenz | Sorgfalt | Achtung | usw. |

# Gesundheitsgerechte Ernährung

Gutes Chi erfüllt mehrere Aufgaben in unserem Körper: U.a. schützt es unsere Organe vor Erkrankungen, und natürlich ist es auch am Stoffwechsel beteiligt. Bei Krankheit fehlen bestimmte Chi-Komponenten im Körper, und er gerät aus dem Gleichgewicht. Wenn man diese Komponenten dem Körper durch bestimmte Nahrungsmittel zuführt, wird der Mensch wieder gesund. Die chinesische Gesundheitslehre und das Feng Shui achten daher besonders:

**Die Lehre von Yin und Yang ist die wichtigste Grundlage der chinesischen Gesundheitslehre. Yin und Yang symbolisieren Polarität und Gegensätze, die einander – dialektisch – bedingen.**

- Auf das Gleichgewicht von Yin und Yang
- Auf das Gleichgewicht der fünf Elemente
- Auf das Gleichgewicht der fünf Gemütszustände

## Yin und Yang

Das Yin-Yang-Symbol stellt die Ureinheit, den Kreis, dar, der in sich die beiden Urgegensätze, nämlich Yin und Yang, vereint. Sie sind keine statischen Größen, vielmehr findet zwischen ihnen ein ständiger Austausch statt. Befinden sich beide im Gleichgewicht, sind der Mensch und sein Körper im Einklang und gesund, gewinnt eines von beiden die Oberhand, geraten sie aus der Balance.

---

### WAS IST YIN, WAS IST YANG?

| Yin | Yang | Yin | Yang |
|---|---|---|---|
| Männlich | Weiblich | Heiß | Kalt |
| Aktiv | Passiv | Süß | Sauer |
| Tag | Nacht | Oben | Unten |
| Trocken | Nass | Hart | Weich |
| Hell | Dunkel | Sonne | Mond |
| Außen | Innen | Spitz | Rund |

---

Auch auf den menschlichen Körper und seine Gesundheit werden die Prinzipien Yin und Yang angewendet.
- Die materielle Seite der Gesundheit, das heißt die gute oder schlechte Verfassung von Haut, Organen und Knochen, ist Yin.
- Die energetische Seite der Gesundheit, das heißt unsere Vitalität, Ausstrahlung und Lebensfreude, ist Yang.

## Mangel und Überschuss

Unser körperlicher Yin- und Yang-Zustand wird durch die Art der Nahrungsmittel beeinflusst, die wir zu uns nehmen. Dabei benutzen die Chinesen zur Beschreibung des Körperzustandes und zur Diagnose von Krankheiten Begriffe wie »heiß« und »kalt«, »feucht« und »trocken«.

**Yang-Mangel** ist »innere Kälte«, die sich in mangelnder Lebensfreude, Vitalitätsverlust und sexuellem Desinteresse äußert. Er entsteht durch energiearme und abkühlende Nahrung wie Rohkost, Südfrüchte, Tiefgefrorenes, Speisen aus der Mikrowelle, Fabrikzucker, Milch und Milchprodukte.

**Yang-Überschuss** äußert sich in körperlicher Hitze, übermäßiger Aktivität und Störungen des Nachtschlafs. Er wird verursacht durch scharfe Gewürze, scharf Gebratenes, Schweinefleisch, Kaffee, Rotwein und Spirituosen.

**Yin-Mangel** äußert sich in Müdigkeit, Konzentrationsschwäche und Durchblutungsstörungen, wie z. B. kalten Füßen. Er entsteht durch austrocknende Einflüsse wie von Kaffee, Zigaretten, zu wenig Schlaf, geistiger Überanstrengung u. Ä.

**Yin-Überschuss** äußert sich in Erkältungen, abweisendem Verhalten, Teilnahmslosigkeit, Weinerlichkeit, Eigenbrötlerei und Depressionen. Er wird hervorgerufen durch übermäßigen Verzehr von Kartoffeln, Kohl, Senf, Maggi oder Vanille.

Werden die Nahrungsmittel im richtigen Verhältnis zueinander verzehrt, bleiben Yin und Yang im Gleichgewicht, und der Mensch ist gesund.

## Kühlende und wärmende Wirkung

Die Chinesen sind daher bestrebt, in jeder Mahlzeit für Gesunde das Gleichgewicht von Yin und Yang zu wahren. Bei Krankenkost muss natürlich berücksichtigt werden, ob der Patient an einem Hitzeüberschuss leidet oder an »innerer Kälte«. Dementsprechend werden die Speisen ausgewählt.

**Yin-Energie** kühlt ab. Yin-Energie kann man mit Zitronensaft oder Tomaten, mit Champignons, Südfrüchten oder Joghurt zuführen. Diese Nahrungsmittel eignen sich also, um einem Gericht, das nach chinesischer Definition »heiß« ist, eine erfrischende Komponente hinzuzufügen, damit Yin und Yang wieder im Gleichgewicht sind und die Mahlzeit ihren vollen Wert erhält.

**»Kälte« ist hier nicht als Temperaturbegriff zu verstehen, sondern meint das allmähliche Langsamerwerden und Erstarren von körperlichen und Lebensprozessen.**

■ **Yang-Energie** wärmt. Yang-Energie erzeugt man durch Grillen, Braten, Backen, langes Kochen, durch scharfes Würzen oder Beigabe von Alkohol. Auch Zwiebeln, Schnittlauch, Chili und Oregano führen Yang-Energie zu, weshalb sie sich zur Abrundung kalter Salate im Sommer eignen.

Der chinesische Arzt untersucht, ob ein Patient mehr Yin- oder mehr Yang-Energie braucht. Dementsprechend legt er die Auswahl der Nahrungsmittel und die Art ihrer Zubereitung fest.

### YIN- UND YANG-ENERGIE

|  | Yin-Energie wird erzeugt durch | Yang-Energie wird erzeugt durch |
|---|---|---|
| **Geschmack** | Scharfe, aromatische Speisen | Salzige, saure Speisen |
| **Pflanzenteil** | Früchte, Blätter, Pflanzenteile über der Erde | Wurzeln, Samen, Stängel, Pflanzenteile unter der Erde |
| **Wassergehalt** | Wasserhaltige Speisen | Trockene Speisen |
| **Jahreszeit** | Frühjahrs- und sommerreifes Obst und Gemüse, Getreide | Herbst- und winterreifes Gemüse (z. B. Kartoffeln, Wurzeln, Zwiebeln) |
| **Zubereitung** | Kurzes Kochen, Blanchieren; Hinzufügen von Tomaten, Zitronen, Joghurt, Champignons | Backen, Kochen, Grillen, Braten, Räuchern; Hinzufügen von Oregano, Schnittlauch, Zwiebeln |

### Die fünf Arten von Nahrungsmitteln

Unter Berücksichtigung des Prinzips von Yin und Yang unterscheiden die chinesische Medizin und das Feng Shui fünf Arten von Nahrungsmitteln: neutrale, warme, heiße, kalte und kühle, womit aber nicht ihre Temperatur gemeint ist, sondern die Wirkungen, die sie im Körper hervorrufen. Dieser fünf Begriffe bedient sich auch die medizinische Diagnose – ein Hinweis darauf, dass in China Krankheit und Heilung in engem Zusammenhang mit der Ernährung gesehen werden. Der Grundgedanke der Ernährung ist, die Mitte des Körpers zu stärken, das heißt vor allem Milz und Magen, denn diese beiden Organe verwandeln die Nahrungsenergie in Körperenergie, die wir für unsere Aktivitäten nutzen.

**Neutrale Nahrungsmittel** Milz und Magen werden in erster Linie durch neutrale Lebensmittel gestärkt, wie z. B. Möhren, Kohl, weiße Bohnen, getrocknete Erbsen, Fisch, Hühnerfleisch, Rindfleisch, Nüsse und vor allem Vollwertgetreide. Das Getreidekorn ist ein wahres »Kraftpaket«. Diese Nahrungsmittel sollten zu allen Jahreszeiten auf dem Speiseplan stehen.

**Warme Nahrungsmittel** Hierzu zählen getrocknete Kräuter, die meisten Fischarten, Hühnerfleisch, alle Käsesorten und milde Gewürze. Sie sollen zu allen Jahreszeiten gegessen werden, außer im Hochsommer.

**Heiße Nahrungsmittel** Hierzu gehören vor allem scharfe Gewürze, Lammfleisch und hochprozentiger Alkohol. Sie sollten im Winter verzehrt werden, immer zusammen mit einer Portion neutraler Nahrungsmittel.

**Kühle Nahrungsmittel** Diese Gruppe umfasst die einheimischen Früchte und Salate, die meisten Gemüsesorten und Kräutertees. Aus ihnen sollten vor allem bei Trockenheit Speisen zubereitet werden. Im Winter sollten keine rohen Früchte und Gemüse verzehrt werden.

**Kalte Nahrungsmittel** Hierzu rechnen die Chinesen Gurken, Tomaten, Bananen, Ananas, Kiwis, Avocados, Wassermelonen, Rhabarber, Kürbis und Joghurt. Mit sicherem Gespür verzehren wir sie in der heißen Jahreszeit.

**Rohkost** Von ausschließlicher Ernährung durch Rohkost ist strikt abzuraten. Jeder Mensch muss täglich etwas Gekochtes essen, sonst wird er krank. Denn durch das Kochen wird die Nahrung für den Stoffwechsel aufgeschlossen. Rohkost dagegen gehört zu den schwer bekömmlichen Nahrungsmitteln, die die Milz schwächen, weil sie nicht ausreichend Vitamine aufnehmen kann, gleich, in welcher Menge Rohkost gegessen wurde. Rohkostliebhaber sollten vorweg eine heiße Suppe essen.

**Die chinesische Küche berücksichtigt bei Speiseplänen auch die Jahreszeiten: Im Sommer braucht der Körper mehr kalte Nahrungsmittel, im Winter mehr heiße.**

### Beispiel: Der Magen rebelliert

C.C. berichtet: Eigentlich bin ich nur meiner Freundin zuliebe mit in das Sanatorium zu der Entschlackungskur gefahren. Und ich muss sagen: Es war fürchterlich!

Morgens zum Frühstück gab es einen Teller rohes Obst: Birnen, Äpfel, Melonen, Bananen, Pflaumen usw. Keinen Kaffee, kein Brot. Zum Trinken Sojamilch.

Mittags dann einen Teller rohes Gemüse: Salat, geraspelte Möhren, Gurken, Schwarzwurzeln usw. Danach konnte man etwas in Wasser gekochtes Gemüse bekommen, sofern einem der Appetit nicht vergangen war.

Nachmittags wieder Obst. Und abends erneut Rohkost, dazu eine einzige kleine Scheibe Brot – keine Butter, keinen Aufschnitt, Fleisch schon gar nicht. Auf das Brot konnte man Marmelade oder eine Kräuterpaste streichen. Dazu gab es Kräutertee.

Vom ersten Tag an hatte ich ein flaues Gefühl im Magen – kein Hungergefühl, sondern so, als wollte mein Magen sich wehren, es war mir einfach schlecht.

Meine Freundin konnte das nicht verstehen, ihr schmeckte das Essen, und außerdem wollte sie ja ein paar Pfunde abnehmen. Mir aber wurde das Ganze von Tag zu Tag widerwärtiger. Vor allem die matschigen Melonen und Birnen konnte ich einfach nicht mehr runterbringen.

Eines Nachmittags bin ich ausgerissen und habe mich in einem Restaurant an Steak und Kartoffeln satt gegessen. Sonst hätte ich wahrscheinlich die 14 Tage nicht durchgestanden. Während der ganzen Zeit hatte ich ein schlechtes Gewissen, weil ich mich mit der vielgepriesenen gesunden Lebensweise überhaupt nicht anfreunden konnte.

Dabei stelle ich gar keine besonderen Ansprüche, mit ein paar Kartoffeln oder etwas gekochtem Gemüse wäre ich vollkommen zufrieden gewesen, oder zum Frühstück wenigstens ein warmer Haferbrei.

Darum fiel mir ein Stein vom Herzen, als ich vor kurzem zufällig in einem Feng-Shui-Buch las, dass ich vor allem Yang-Energie brauche, also warme und gekochte Speisen, und dass Rohkost für den Stoffwechsel ungünstig, eben schwer verdaulich ist. Dies war genau der Grund, warum mein Magen rebelliert hat und es mir so schlecht gegangen ist.

**Rohkost ist schwer verdaulich und vor allem Magenkranken, Kleinkindern und alten Menschen nicht zu empfehlen. Grundsätzlich sollte Rohkost immer zusammen mit gekochter Nahrung eingenommen werden.**

# Die fünf Elemente

Bekanntlich hängt die Gesundheit eines Menschen in hohem Maße davon ab, was er isst. Die Chinesen achten deswegen nicht so sehr wie wir darauf, dass ausreichend und im richtigen Verhältnis zueinander Kohlenhydrate, Fette, Eiweiße und Ballaststoffe verzehrt werden, sondern dass Yin und Yang in den Nahrungsmitteln ausgewogen sind.

## Die Geschmacksrichtungen

Sie unterscheiden die Geschmacksrichtungen süß, sauer, salzig, scharf und bitter und ordnen sie den fünf Elementen zu. Da diese auch zu bestimmten Körperorganen in Beziehung gesetzt werden, ergeben sich hieraus interessante Verknüpfungen.

**Feuer:** Diesem Element sind der bittere Geschmack (Yang) und die Organe Herz und Dünndarm zugeordnet.

Feuer brennt und trocknet aus; typisch für Feuer sind Schwarztee, Zigaretten und Kaffee. Sie stärken das Yang und regen den Organismus an, aber wer zu viel davon nimmt, wird unruhig, nervös und überreizt.

Um einer Überhitzung und Austrocknung vorzubeugen, empfiehlt sich vor allem der Verzehr von Roter Bete, Grapefruit, Endivie und Chicorée. Zur Abkühlung sind auch Kompotte, Beeren und Früchtetees geeignet.

**Erde:** Diesem Element sind der süße Geschmack (Yin) und die Organe Milz und Magen zugeordnet.

Süßes – mit Ausnahme von Fabrikzucker – baut Energie auf. Süße Speisen wirken befeuchtend. »Feucht« geht nach chinesischer Auffassung weit über das hinaus, was wir unter »wasserhaltig« verstehen. Zu viel Feuchtigkeit ist jedoch ungesund, sie wird z. B. bei Übergewichtigen festgestellt, die süße Speisen meiden sollten.

Süße, den Organismus anfeuchtende Nahrungsmittel sind Gemüse, Milchprodukte, brauner Zucker, Honig und Obst. Alle Vollwertgetreide gelten als süß. Zu den süßen Speisen zählen auch verschiedene Fleischsorten und Nüsse.

**Metall:** Diesem Element sind der scharfe Geschmack (Yang) und die Organe Lunge und Dickdarm zugeordnet.

Scharf sind die meisten Gewürze, wie z. B. Pfeffer. Eine scharfe Frucht ist der Ingwer, als scharfe Gemüse gelten Kohlrabi, Rettich, Lauch, Zwiebeln und Meerrettich.

**Die Elementzugehörigkeit gibt wichtige Hinweise auf die richtige Ernährung. Von den fünf Geschmacksrichtungen werden süß, sauer und salzig Yin zugeordnet, scharf und bitter Yang.**

Scharfes löst Energieblockaden, z. B. bei Erkältungen, wenn das Chi stagniert. Zur Stärkung von Lunge und Dickdarm sollte man vorbeugend schon im Herbst vermehrt Vollkornreis, Sellerie, Blumenkohl oder Schwarzwurzeln essen.

**Wasser:** Diesem Element sind der salzige Geschmack (Yin) und die Organe Nieren und Blase zugeordnet.

Mit Wasser wird gekocht. Gekochte Gerichte, wie Suppen, Gemüsegerichte, Eintöpfe, wärmen und eignen sich vor allem für den Winter.

Viele Menschen machen den Fehler, dass sie Nahrungsmittel direkt aus dem Kühlschrank zu sich nehmen, was zu einer Abkühlung der Organe führt und vor allem im Winter schädlich ist. Vermieden wird dies mit Aufläufen, gekochtem Fleisch oder Getreide mit erwärmenden Gewürzen.

**Holz:** Diesem Element sind der saure Geschmack (Yin) und die Organe Leber und Galle zugeordnet.

Als sauer gelten Salate, grüne Gemüse und Kräuter, aber auch Weizen, Dinkel und Grünkern.

Holz zieht zusammen (durch die Säure) und bewahrt so die Säfte im Körper. Besonders im Frühjahr als der Zeit des Wachstums sollte der Mensch Holz-Nahrung zu sich nehmen. Sie entgiftet und befreit den Körper von den Ablagerungen des Winters.

### Die Jahreszeiten

Die fünf Arten der Nahrungsmittel und ihre Geschmacksrichtungen sind den fünf Elementen zugeordnet. Da diese in Beziehung zu bestimmten Jahreszeiten stehen, lassen sich daraus Regeln für die saisongerechte Ernährung ableiten. Bekanntlich gibt es vier Jahreszeiten, die jeweils den Elementen Feuer, Metall, Wasser und Holz zugeordnet werden. Dem Element Erde sind immer die letzten 18 Tage einer Jahreszeit vorbehalten: also vom 28. April bis zum 15. Mai, vom 30. Juli bis zum 17. August, vom 30. Oktober bis zum 15. November, vom 28. Januar bis zum 12. Februar (siehe auch Seite 87ff.).

**Der Frühling** dauert nach dem Feng Shui vom 13. Februar bis zum 27. April. In dieser Zeit sollten Sie bevorzugt Mangold, Brokkoli, Spinat, Dinkel, Weizen und Grünkern essen.

**Der Sommer** dauert vom 16. Mai bis zum 29. Juli. In dieser Zeit sollten Sie vor allem kühlende Nahrungsmittel wie Kopfsalat, Ar-

**Gegen Erkältung helfen scharfe Nahrungsmittel, wie z. B. Rettich, Lauch, Kohlrabi und Zwiebeln, gegen Stress bittere Nahrungsmittel wie Chicorée, Endiviensalat, Pampelmusen und Rote Bete.**

tischocken und Radicchio verzehren und reichlich mit Oregano, Salbei, Thymian und Rosmarin würzen.

■■■ **Der Herbst** dauert vom 18. August bis zum 29. Oktober. In dieser Zeit sollten besonders Lauch, Zwiebeln, Meerrettich, Reis und Hafer auf dem Speiseplan stehen.

■■■ **Der Winter** dauert vom 16. November bis zum 27. Januar. In dieser Zeit sollten Sie sich vorwiegend von weißen oder schwarzen Bohnen, getrockneten Erbsen und Fisch ernähren.

■■■ Für die dazwischenliegenden **Erde-Zeiten** werden Möhren und Fenchel sowie Hirse und Mais empfohlen.

## Die Kombination der Ernährungskomponenten

Die Tabelle »Ernährung nach den fünf Elementen« auf der folgenden Seite gibt Ihnen einen schematischen Überblick über die verschiedenen Ernährungskomponenten, von denen im Vorhergehenden ausführlich die Rede war, und ordnet den Speisen zusätzlich die entsprechenden Farben zu. Sie können die Tabelle in zweifacher Weise anwenden.

1. Suchen Sie das für Störungen anfällige oder erkrankte Organ heraus, und gehen Sie in dieser Spalte senkrecht nach oben in die erste Zeile, wo Sie die entsprechende Farbe finden. Sie können dann der betreffenden Person Speisen in dieser Farbe geben, die in der zweiten Zeile stehen:

■ Bei Leber-Galle-Beschwerden z. B. grüne Erbsen, Spinat, Kohl und Lauch

■ Bei Herzbeschwerden z. B. rote Tomaten

■ Bei Magenschmerzen z. B. Eigelb oder Melonenscheiben

■ Bei Lungenbeschwerden z. B. weißes Hühnerfleisch oder Fisch

■ Bei Blasenschwäche z. B. braunes Rindfleisch mit Pilzen

2. Suchen Sie das Element heraus, das dem für Störungen anfälligen oder erkrankten Organ zugeordnet ist, und schlagen Sie im vorigen Kapitel unter »Der aufbauende Kreislauf« (siehe Seite 94) nach, welches Element das »angeschlagene« stärkt. Beispiele: Bei Herzbeschwerden wird das zugehörige Element Feuer durch Holz gestärkt, oder bei Nieren- und Blasenschwäche erfährt das entsprechende Element Wasser Unterstützung durch Metall. Sehen Sie dann in der folgenden Tabelle nach, welche Speisen dem unterstüt-

**Grüne Nahrungsmittel stärken Leber und Galle, weiße Nahrungsmittel unterstützen die Funktionen der Lunge, braune kräftigen Nieren und Blase, gelbe den Magen und rote das Herz.**

zenden Element zugeordnet sind, und beziehen Sie diese in Ihre Schon- bzw. Krankenkost mit ein.

■ Da das Herz-Element Feuer vom Holz gestärkt wird, sollten Sie auch Holz-Speisen, z. B. Kohl und Erbsen, den Feuer-Gerichten hinzufügen.

■ Da das Leber-Galle-Element Holz vom Wasser gestärkt wird, sollten Sie auch Wasser-Speisen, z. B. Rindfleisch, den Holz-Gerichten hinzufügen.

■ Da das Nieren-Element Wasser vom Metall gestärkt wird, sollten Sie auch Metall-Speisen, wie z. B. Huhn und Fisch, den Nieren-Gerichten hinzufügen.

■ Da das Lungen-Element Metall durch Erde gestärkt wird, sollten Sie auch Erde-Speisen, z. B. Melonen und Möhren, den Metall-Gerichten hinzufügen.

■ Da das Magen-Element Erde vom Feuer gestärkt wird, sollten Sie auch Feuer-Speisen, z. B. Tomaten und rote Paprika, den Erde-Gerichten hinzufügen.

**Müssen Sie wegen einer bestimmten organischen Erkrankung Diät halten, können Sie sich Ihren Speiseplan anhand der nebenstehenden Tabelle selbst zusammenstellen. Sehen Sie nach, welchem Element das erkrankte Organ zugeordnet wird, welche die diesem Element entsprechenden Nahrungsmittel sind und welches Element mit den ihm zugeordneten Nahrungsmitteln das Element des erkrankten Organs unterstützt.**

### ERNÄHRUNG NACH DEN FÜNF ELEMENTEN

|  | Holz | Feuer | Erde | Metall | Wasser |
|---|---|---|---|---|---|
| **Farbe** | Grün | Rot | Gelb, Braun | Weiß, Gold | Dunkel |
| **Speisen** | Erbsen, Kohl, Lauch, Spinat | Tomaten, Paprika (rot), Krabben | Eier, Möhren, Melonen | Fisch, Huhn, Eiweiß | Schwarze Bohnen, Rindfleisch, Pilze |
| **Geschmack** | Sauer (Zitrone) | Bitter (Chicorée) | Süß (Getreide) | Scharf (Gewürz) | Salzig (Salz) |
| **Organ** | Leber, Galle | Herz, Dünndarm | Milz, Magen | Lunge, Dickdarm | Niere, Blase |
| **Jahreszeit** | Frühling | Sommer | Je 18 Tage eines Quartals | Herbst | Winter |

# Die fünf Gemütszustände

Bisher war bei der Chi-gerechten Ernährung ausschließlich von körperlichen Beschwerden und Erkrankungen die Rede. Die Gesundheit kann aber auch durch länger anhaltende heftige Gefühlswallungen in Mitleidenschaft gezogen werden, weil sie den Chi-Fluss negativ beeinflussen. Auch in diesen Fällen empfehlen die chinesische Medizin und das Feng Shui bestimmte Nahrungsmittel, um das energetische Gleichgewicht wiederherzustellen, wobei die fünf Gemütsbewegungen wiederum den fünf Elementen zugeordnet werden.

Welche Nahrungsmittel Sie verstärkt zu sich nehmen bzw. von Ihrem Speiseplan streichen sollten, können Sie der Tabelle »Ernährung nach den fünf Elementen« (siehe vorige Seite) unter dem entsprechenden Element entnehmen.

## Zorn

Der Zorn ist dem Element Holz zugeordnet. Gerät dieses Gefühl außer Kontrolle, so dass der Mensch zu Wutausbrüchen neigt, muss das Element Holz »gemäßigt« werden. Pflanzen und die Farbe Grün besänftigen sein Gemüt und fördern seinen Humor.

■ Menschen, die sich übertriebene Sorgen machen und alles vorausplanen wollen, haben einen zu geringen Holz-Anteil. Sie sollten mehr Holz-Nahrungsmittel zu sich nehmen.

■ Holz-Nahrung meiden sollten Menschen, die zu viel Holz-Anteile in ihrem Verhalten haben. Man erkennt sie u. a. daran, dass sie ihre Mitmenschen regelrecht vereinnahmen. Wenn sie dabei auf Zurückhaltung und Widerstand stoßen, werden sie misstrauisch und ziehen sich zurück.

**Auch die seelische Gesundheit kann durch die Ernährung reguliert werden. Ein Übermaß an Sorge, Kummer, Wut, Angst, aber auch Freude kann durch die richtigen Nahrungsmittel abgebaut werden.**

## Freude

Die Freude ist dem Element Feuer zugeordnet. Gerät dieses Gefühl außer Kontrolle, so dass der Mensch zu hysterischen Lachanfällen neigt, muss das Element Feuer besänftigt werden durch Pflanzen und die Farbe Grün.

■ Wenn es Menschen an Leidenschaft und Spontaneität fehlt, wenn sie an nichts Gefallen finden, sondern eher zu selbstquälerischem Grübeln und Depressionen neigen, wenn sie also zu wenig »Feuer« haben, brauchen sie stärkende Feuer-Nahrungsmittel. Auch erdfarbene Tongefäße zur Dekoration in der Wohnung tun ihnen gut.

Feuer-Nahrung meiden sollten Menschen, die sprunghaft und flatterhaft sind, ihre Schilderungen übertrieben ausschmücken und wenig Wirklichkeitssinn haben.

### Nachdenklichkeit

Die Nachdenklichkeit ist dem Element Erde zugeordnet. Nimmt sie überhand, so dass der Mensch zum Grübler wird, sollte das Element Metall mit der Farbe Weiß eingesetzt werden. Umgekehrt kann bei Konzentrationsschwäche und Gleichgültigkeit das Element Feuer mit roten Farbtupfern und dreieckigen Formen zur Sammlung verhelfen.

Wenn ein Mensch den anderen mit Misstrauen begegnet, wankelmütig ist und wenig Sinn im Leben sieht, fehlt es ihm an Erde. Er sollte mehr Erde-Nahrungsmittel zu sich nehmen.

Erde-Nahrung meiden sollten Menschen, die ohne Selbstkontrolle ihrer Genusssucht frönen oder in blinder Autoritätsgläubigkeit einem stärkeren Charakter folgen.

### Trauer

Die Trauer ist dem Element Metall zugeordnet. Verliert jemand durch einen Schock die Fassung, sollte er mit Erde-Hilfsmitteln, also z. B. mit gelben und braunen Farben und Steinen, sein Gleichgewicht wieder zu finden versuchen. Ist umgekehrt ein Mensch zu rührselig und bricht er beim geringsten Anlass in Tränen aus, so kann ihn viel frische Luft stabilisieren helfen.

Wenn Menschen entscheidungsschwach sind oder kritiklos in Schwärmerei verfallen und auch noch regelmäßig in Geldnöten stecken, deutet dies auf einen Mangel an Metall-Anteilen hin. Sie sollten mehr Metall-Nahrung zu sich nehmen.

Metall-Nahrung meiden sollten Menschen, die übertrieben sparsam und unflexibel oder depressiv und desinteressiert sind.

### Angst

Die Angst ist dem Element Wasser zugeordnet. Nimmt sie überhand, so dass der Mensch leicht in Verwirrung und Panik gerät, können die Farbe Grün und Pflanzen ihn beschwichtigen helfen. Fehlt umgekehrt einem Menschen das Gespür für Gefahren, schärft das Element Metall mit runden Formen und der Farbe Weiß seine Wahrnehmung.

■ Ein Mangel an Wasser-Anteilen zeigt sich darin, dass Menschen ängstlich sind oder unstet: himmelhoch jauchzend oder zu Tode betrübt. Sie sollten mehr Wasser-Nahrungsmittel zu sich nehmen.

■ Wasser-Nahrung meiden sollten Menschen, die reden wie ein Wasserfall und sich für die Angelegenheiten ihrer Mitmenschen allzu sehr interessieren.

---

## FENG SHUI UND ANDERE HEILMETHODEN

Grundsätzlich ist Feng Shui Arbeit mit dem Chi und am Chi. Sie können die Ernährungsregeln des Feng Shui, die Ihnen in Form des Fünf-Elemente-Schemas eine typgerechte Ernährung anbieten und zusätzlich Hinweise zur unterstützenden Behandlung von organischen und seelischen Krankheiten liefern, mit anderen Heilweisen kombinieren: mit Akupunktur, Atemtherapie, Aromatherapie, Körperenergiearbeit, Bach-Blüten-Therapie usw.

Nutzen Sie das Feng Shui und mit ihm kompatible Methoden, um sich selbst und ihre Mitmenschen besser kennen zu lernen, um sich gesund zu ernähren und im Einklang mit sich selbst und Ihrer Umgebung zu leben.

**Die von der Amerikanerin Nancy Santo Pietro gegründete gemeinnützige Organisation »Feng Shui across America – Lighting the Way« will AIDS-kranken Menschen ihre Würde zurückgeben und ihnen helfen, mit ihrer Krankheit besser fertig zu werden.**

# Das gesunde Wohnumfeld

Die Chinesen sind nicht die Einzigen, die sich mit der Beschaffenheit und der Qualität bestimmter Orte beschäftigt haben, um festzustellen, ob sie für Bebauung und Bewohnung geeignet sind. Abgesehen von modernen Erfindungen wie Geigerzähler und Detektoren gibt es auch in Europa seit jeher Menschen, die mit einem einfachen Gabelzweig unterirdische Wasseradern und Kraftfelder aufspüren: die Rutengänger.

Sie gehen mit der Wünschelrute über ein Feld, bis an einer Stelle die Rute ausschlägt. Dies zeigt an, dass sich hier unter der Erdoberfläche Wasser befindet. Stellt der Rutengänger fest, dass unter einem Haus oder einem Wohnbereich eine Wasserader verläuft, ist das für die Bewohner immer nachteilig. Doch nicht nur Wasseradern, auch für den Menschen schädliche Erdstrahlungen und Erdverwerfungen können mit der Wünschelrute aufgespürt werden.

In China ist das Rutengehen zwar kein ursprünglicher Bestandteil des Feng Shui, doch bedienen sich heute Feng-Shui-Experten dieser Methode, um die schädlichen Einflüsse der Umgebung auf ein Haus oder einen Wohnbereich zu orten, damit die Bewohner sich den Gefahrzonen entziehen und so Beeinträchtigungen ihres Wohlbefindes und ihrer Gesundheit vermeiden können.

## Wasseradern

Wasseradern beeinflussen diejenigen Körperteile, unter denen sie verlaufen, und rufen Beschwerden und Erkrankungen hervor. Besonders heftig sind Erkrankungen, wenn ein Mensch über einer Kreuzung von Wasseradern schläft.

■ Kopferkrankungen und Depressionen zählen zu den häufigsten gesundheitsbeeinträchtigenden Begleiterscheinungen, wenn ein Mensch über einer Wasserader schläft.

■ Der Feng-Shui-Experte Jes Lim meint, Wasseradern unter dem Schlafplatz könnten sogar Krebs auslösen. Stelle der Erkrankte sein Bett jedoch an einen anderen Platz oder in einen anderen Raum, so könne er gesunden.

■ Durchquert eine Wasserader den Schlafplatz unter der Brust, können Herzbeschwerden die Folge sein.

Lassen Sie also Ihren Schlafplatz von einem Rutengänger auf mögliche unterirdische Wasseradern hin untersuchen, und stellen Sie gegebenenfalls Ihr Bett an einen anderen Platz.

### Die Wünschelrute

**Früher wurden mit der Wünschelrute auch Vorkommen von Bodenschätzen – z. B. Lagerstätten von Eisenerz, Silber, Kupfer, Gold und Zinn – ausfindig gemacht. Dadurch ersparte man sich viele Probebohrungen.**

Mit einem Fremdwort nennt man das Rutengehen »Radiästhesie«. Die Radiästesisten sind besonders empfindlich für unterschiedliche Energieschwingungen; man nimmt an, dass die unterschiedlichen elektromagnetischen Schwingungen aus der Erde in ihren Körper übertreten und die Wünschelrute zum Ausschlag bringen.

Wünschelruten in verschiedenen Formen – auch aus Stahl – können Sie käuflich in Esoterikläden erwerben. Sie können sie aber auch nach der Anleitung im folgenden Experiment selbst anfertigen und Ihre radiästhesistische Begabung testen. Grundsätzlich ist jeder Mensch »rutenfähig«, denn wie auch unser Experiment im letzten Kapitel gezeigt hat, ist die Wahrnehmung von Schwingungen trainierbar.

## EXPERIMENT: RUTENGEHEN

■ Schneiden Sie sich einen gegabelten Zweig von ungefähr 30 Zentimeter Länge und 1 Zentimeter Dicke von einem Busch oder Baum ab. Am geeignetsten sind Haselzweige, jedoch können Sie mit Weißdorn, Erle oder Forsythie gleich gute Ergebnisse erzielen. Der Zweig sollte im vergangenen Jahr gewachsen sein, weil junge Zweige die erforderliche Biegsamkeit haben.

■ Kürzen Sie die beiden Gabelenden mit dem Messer auf die gleiche Länge. Fassen Sie diese dann so mit den Händen, dass das dicke Ende waagerecht von Ihnen wegzeigt.

■ Drehen Sie nun die linke Hand aus dem Handgelenk heraus ein wenig auf sich zu und die rechte etwas von sich weg. Dadurch entsteht in dem Zweig eine so genannte Biegespannung, die notwendig ist, damit die Rute ausschlägt.

■ Bleiben Sie selbst aber möglichst entspannt, und gehen Sie mehrmals in der beschriebenen Weise mit der Rute im Freien herum, bis Sie die richtige Haltung gefunden haben und sich nicht mehr verkrampfen.

■ Gehen Sie dann mit kleinen Schritten langsam über den Bereich, den Sie untersuchen wollen – das kann der Fußboden Ihres Schlafzimmers sein oder ein Teil Ihres Gartens oder sonst ein Stück Land in der freien Natur. Es kann passieren, dass an einer bestimmten Stelle die nach vorn weisende Spitze der Rute plötzlich nach oben – seltener auch nach unten – wegschnellt. Diese Bewegung zeigt an, dass Sie in diesem Augenblick über eine Wasserader gegangen sind.

■ Auf die gleiche Weise können Sie auch Gitterlinien und andere Kraftfelder aufspüren.

Wenn Sie das Experiment nach einigen Tagen wiederholen wollen, müssen Sie sich eine neue Rute zuschneiden, denn die alte ist inzwischen ausgetrocknet und nicht mehr gebrauchsfähig.

Sollte Ihr erster Versuch misslingen, kann es daran liegen, dass Sie nicht genügend entspannt waren. Während des Rutengehens sollten Sie jeden Zweifel ablegen und negative Gedanken von sich fern halten. Vertrauen Sie Ihrer Wahrnehmung, seien Sie offen, und warten Sie einfach ab, was geschieht.

**Fassen Sie die Rute so an den beiden »Gabelzinken« an, dass der Gabelstiel von Ihnen wegzeigt. Dadurch kann er sich frei bewegen und zum Ausschlag kommen, wenn unter der Erde eine Wasserader verläuft.**

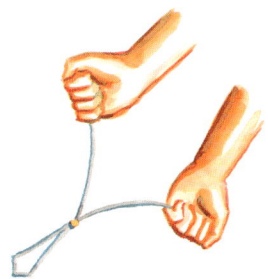

## Kraftlinien

Experten sagen, dass die Steinsetzungen in England, Skandinavien und Norddeutschland, von denen Stonehenge am bekanntesten ist, auf den Kreuzungspunkten unsichtbarer Kraftlinien errichtet worden sind. Unsere Vorfahren kannten den Verlauf dieser Kraftlinien oder »Ley Lines«, wie sie im Englischen genannt werden.

Inzwischen sind diese auch wissenschaftlich untersucht und beschrieben worden. (Ausführliche Angaben dazu finden Sie im »Großen Feng Shui Gesundheitsbuch«, siehe »Literatur« Seite 140.) Wilhelm Gerstung und Jens Mehlhase berichten über verschiedene Strukturen im Erdmagnetfeld, z. B. das »Hartmann-System«, ein Gitternetz von Energieströmungen, das in seinem Aussehen einer Anhäufung vieler nebeneinander und übereinander liegender Würfel gleicht, wobei die Entfernung zwischen den Kreuzungspunkten in der Senkrechten etwa 2,0 Meter und in der Waagerechten etwa 2,5 Meter beträgt. Bei einem anderen System sind die Kreuzungspunkte 170 Meter voneinander entfernt. Ferner gibt es ein 10-Meter-System und ein 250-Meter-System.

■ Wenn Sie in der Seitenwand eines solchen Energiewürfels Ihr Bett stehen haben, kann dies Schlafstörungen, Allergien, Neurodermitis und ähnliche gesundheitliche Beeinträchtigungen verursachen wie eine Wasserader. Schirmen Sie sich gegen diese Energiefelder mit Polystrolhartschaumplatten (nicht zu verwechseln mit Styropor) oder ausreichend dicken Korkplatten ab.

**Die Energieströme der Erde haben nichts mit elektrischen Leitungen oder Kabeln zu tun, sondern sind Konzentrationen innerhalb des natürlichen elektromagnetischen Kraftfeldes der Erde.**

## Elektrosmog

Eine Gefahr für die Gesundheit, von der das traditionelle Feng Shui noch nichts wusste, geht vom Elektrosmog aus, der heute in den Industrienationen durch elektrische Leitungen und insbesondere durch hauseigene elektrische Geräte ausgestrahlt wird, angefangen vom Fernseher über Herde, Mixer, Staubsauger und Waschmaschinen bis zum Computer und den allgegenwärtigen Handys.

Elektrosmog verursacht, wie die Elektrosmogforschung bewiesen hat, gesundheitliche Beschwerden und Krankheiten, z. B. Kopfschmerzen und Schlafstörungen. Forscher in den USA vermuten, dass die elektromagnetischen Felder den Informationsfluss zwischen den Zellen stören und so – zusammen mit anderen Faktoren – Krebserkrankungen hervorrufen.

■ Legen Sie sich eines der inzwischen im Handel erhältlichen Geräte zu, mit denen Sie den Elektrosmog in Ihrer Wohnung messen können. Wenn die kritische Grenze erreicht ist, können Sie Gegenmaßnahmen (z. B. Zuhängen der Strahlungsquelle) ergreifen.

■ Verzichten Sie in Ihrem Schlafzimmer auf elektrische Geräte, oder stecken Sie sie wenigstens vor dem Zubettgehen aus, denn auch nach dem Abschalten treten noch elektrische Störfelder auf.

## Wohlgefühl und Wohnung

Wenn Sie sich nicht wohl fühlen, kann es sein, dass Ihre Wohnung Ihnen etwas »sagen«, Sie darauf aufmerksam machen will, dass ihr etwas fehlt. Forschen Sie nach, was das sein könnte. Oder – wenn umgekehrt Ihnen etwas fehlt – schaffen Sie in dem betreffenden Wohnungsbereich einen Energiekern, von dem aus Sie Schritt für Schritt die ganze Wohnung zu einer harmonischen Einheit machen. Setzen Sie sich mit dem Problem, das Sie am meisten belastet, auseinander, gestalten Sie das entsprechende Bagua-Feld Chi-freundlich, und ziehen Sie nach einem halben Jahr Bilanz, ob eine Wende zum Positiven eingetreten ist. Wenn nicht, waren Ihre Feng-Shui-Maßnahmen unwirksam oder falsch.

**Feng-Shui-Berater sind Ärzte für Wohnungen und damit auch für die Menschen, deren Befinden vom Zustand ihrer Wohnung abhängt. Mit dem Wissen dieses Buches ausgerüstet, können Sie als Ihr eigener Haus-Arzt tätig werden.**

### EXPERIMENT: SCHWÄCHUNG DES CHI

Wie eng das Befinden eines Menschen mit der Energie in dem Raum, in dem er sich gerade aufhält, zusammenhängt, möchte ich abschließend anhand eines Experiments auf dem Internationalen Feng-Shui-Kongress in München im Mai 1998 verdeutlichen. Professor Jes Lim bat einen Freiwilligen, aufs Podium zu kommen. Eine Dame meldete sich. Er versuchte nun wie ein Kinesiologe, ihren ausgestreckten Arm runterzudrücken – vergeblich. Darauf kündigte er an, ein »Helfer« werde irgendwo hinten im Saal etwas tun. Kurz danach versuchte Jes Lim abermals, den Arm der Dame runterzudrücken – und er gab nach!
Was war geschehen? Der »Helfer« hatte mit dem Autoschlüssel an einer Fensterscheibe entlanggekratzt, und das hatte offensichtlich das Befinden einer – möglicherweise aller – der im Saal befindlichen Personen geschwächt. Genau diesen Wirkungsmechanismus hatte Jes Lim beweisen wollen.

## DIE CHINESISCHEN TIERKREISZEICHEN (1910 – 1942)

| 1910 | Hund | 10. 2. 1910 bis 29. 1. 1911 |
|------|------|------------------------------|
| 1911 | Schwein | 30. 1. 1911 bis 17. 2. 1912 |
| 1912 | Ratte | 18. 2. 1912 bis 5. 2. 1913 |
| 1913 | Ochse | 6. 2. 1913 bis 25. 1. 1914 |
| 1914 | Tiger | 26. 1. 1914 bis 13. 2. 1915 |
| 1915 | Hase | 14. 2. 1915 bis 2. 2. 1916 |
| 1916 | Drache | 3. 2. 1916 bis 22. 1. 1917 |
| 1917 | Schlange | 23. 1. 1917 bis 10. 2. 1918 |
| 1918 | Pferd | 11. 2. 1918 bis 31. 1. 1919 |
| 1919 | Ziege | 1. 2. 1919 bis 19. 2. 1920 |
| 1920 | Affe | 20. 2. 1920 bis 7. 2. 1921 |
| 1921 | Hahn | 8. 2. 1921 bis 27. 1. 1922 |
| | | |
| 1922 | Hund | 28. 1. 1922 bis 15. 2. 1923 |
| 1923 | Schwein | 16. 2. 1923 bis 4. 2. 1924 |
| 1924 | Ratte | 5. 2. 1924 bis 24. 1. 1925 |
| 1925 | Ochse | 25. 1. 1925 bis 12. 2. 1926 |
| 1926 | Tiger | 13. 2. 1926 bis 1. 2. 1927 |
| 1927 | Hase | 2. 2. 1927 bis 22. 1. 1928 |
| 1928 | Drache | 23. 1. 1928 bis 9. 2. 1929 |
| 1929 | Schlange | 10. 2. 1929 bis 29. 1. 1930 |
| 1930 | Pferd | 30. 1. 1930 bis 16. 2. 1931 |
| 1931 | Ziege | 17. 2. 1931 bis 5. 2. 1932 |
| 1932 | Affe | 6. 2. 1932 bis 25. 1. 1933 |
| 1933 | Hahn | 26. 1. 1933 bis 13. 2. 1934 |
| | | |
| 1934 | Hund | 14. 2. 1934 bis 3. 2. 1935 |
| 1935 | Schwein | 4. 2. 1935 bis 23. 1. 1936 |
| 1936 | Ratte | 24. 1. 1936 bis 10. 2. 1937 |
| 1937 | Ochse | 11. 2. 1937 bis 30. 1. 1938 |
| 1938 | Tiger | 31. 1. 1938 bis 18. 2. 1939 |
| 1939 | Hase | 19. 2. 1939 bis 7. 2. 1940 |
| 1940 | Drache | 8. 2. 1940 bis 26. 1. 1941 |
| 1941 | Schlange | 27. 1. 1941 bis 14. 2. 1942 |
| 1942 | Pferd | 15. 2. 1942 bis 4. 2. 1943 |

## DIE CHINESISCHEN TIERKREISZEICHEN (1943 – 1974)

| 1943 | Ziege | 5. 2. 1943 bis 24. 1. 1944 |
| 1944 | Affe | 25. 1. 1944 bis 12. 2. 1945 |
| 1945 | Hahn | 13. 2. 1945 bis 1. 2. 1946 |
| | | |
| 1946 | Hund | 2. 2. 1946 bis 21. 1. 1947 |
| 1947 | Schwein | 22. 1. 1947 bis 9. 2. 1948 |
| 1948 | Ratte | 10. 2. 1948 bis 28. 1. 1949 |
| 1949 | Ochse | 29. 1. 1949 bis 16. 2. 1950 |
| 1950 | Tiger | 17. 2. 1950 bis 5. 2. 1951 |
| 1951 | Hase | 6. 2. 1951 bis 26. 1. 1952 |
| 1952 | Drache | 27. 1. 1952 bis 13. 2. 1953 |
| 1953 | Schlange | 14. 2. 1953 bis 2. 2. 1954 |
| 1954 | Pferd | 3. 2. 1954 bis 23. 1. 1955 |
| 1955 | Ziege | 24. 1. 1955 bis 11. 2. 1956 |
| 1956 | Affe | 12. 2. 1956 bis 30. 1. 1957 |
| 1957 | Hahn | 31. 1. 1957 bis 17. 2. 1958 |
| | | |
| 1958 | Hund | 18. 2. 1958 bis 7. 2. 1959 |
| 1959 | Schwein | 8. 2. 1959 bis 27. 1. 1960 |
| 1960 | Ratte | 28. 1. 1960 bis 14. 2. 1961 |
| 1961 | Ochse | 15. 2. 1961 bis 4. 2. 1962 |
| 1962 | Tiger | 5. 2. 1962 bis 24. 1. 1963 |
| 1963 | Hase | 25. 1. 1963 bis 12. 2. 1964 |
| 1964 | Drache | 13. 2. 1964 bis 1. 2. 1965 |
| 1965 | Schlange | 2. 2. 1965 bis 20. 1. 1966 |
| 1966 | Pferd | 21. 1. 1966 bis 8. 2. 1967 |
| 1967 | Ziege | 9. 2. 1967 bis 29. 1. 1968 |
| 1968 | Affe | 3o. 1. 1968 bis 16. 2. 1969 |
| 1969 | Hahn | 17. 2. 1969 bis 5. 2. 1970 |
| | | |
| 1970 | Hund | 6. 2. 1970 bis 26. 1. 1971 |
| 1971 | Schwein | 27. 1. 1971 bis 14. 2. 1972 |
| 1972 | Ratte | 15. 2. 1972 bis 2. 2. 1973 |
| 1973 | Ochse | 3. 2. 1973 bis 22. 1. 1974 |
| 1974 | Tiger | 23. 1. 1974 bis 10. 2. 1975 |

## DIE CHINESISCHEN TIERKREISZEICHEN (1975 – 2001)

| Jahr | Tierkreiszeichen | Zeitraum |
|---|---|---|
| 1975 | Hase | 11. 2. 1975 bis 30. 1. 1976 |
| 1976 | Drache | 31. 1. 1976 bis 17. 2. 1977 |
| 1977 | Schlange | 18. 2. 1977 bis 6. 2. 1978 |
| 1978 | Pferd | 7. 2. 1978 bis 27. 1. 1979 |
| 1979 | Ziege | 28. 1. 1979 bis 15. 2. 1980 |
| 1980 | Affe | 16. 2. 1980 bis 4. 2. 1981 |
| 1981 | Hahn | 5. 2. 1981 bis 24. 1. 1982 |
| | | |
| 1982 | Hund | 25. 1. 1982 bis 12. 2. 1983 |
| 1983 | Schwein | 13. 2. 1983 bis 1. 2. 1984 |
| 1984 | Ratte | 2. 2. 1984 bis 19. 2. 1985 |
| 1985 | Ochse | 20. 2. 1985 bis 8. 2. 1986 |
| 1986 | Tiger | 9. 2. 1986 bis 28. 1. 1987 |
| 1987 | Hase | 29. 1. 1987 bis 16. 2. 1988 |
| 1988 | Drache | 17. 2. 1988 bis 5. 2. 1989 |
| 1989 | Schlange | 6. 2. 1989 bis 26. 1. 1990 |
| 1990 | Pferd | 27. 1. 1990 bis 14. 2. 1991 |
| 1991 | Ziege | 15. 2. 1991 bis 3. 2. 1992 |
| 1992 | Affe | 4. 2. 1992 bis 22. 1. 1993 |
| 1993 | Hahn | 23. 1. 1993 bis 9. 2. 1994 |
| | | |
| 1994 | Hund | 10. 2. 1994 bis 30. 1. 1995 |
| 1995 | Schwein | 31. 1. 1995 bis 18. 2. 1996 |
| 1996 | Ratte | 19. 2. 1996 bis 6. 2. 1997 |
| 1997 | Ochse | 7. 2. 1997 bis 27. 1. 1998 |
| 1998 | Tiger | 28. 1. 1998 bis 15. 2. 1999 |
| 1999 | Hase | 16. 2. 1999 bis 4. 2. 2000 |
| 2000 | Drache | 5. 2. 2000 bis 12. 2. 2001 |

# Adressen

FENG SHUI und GEOMANTIE VERBAND e. V.
Wilhelminenstraße 25, 65193 Wiesbaden

FENG SHUI NETWORK INTERNATIONAL
PO Box 9, Pateley Bridge, Yorkshire Dales, HG3 5XG

# Literatur

*Bartlett, Sarah:* Feng Shui der Liebe. Heyne Verlag 1998

*Berger, Karola:* Gesund ohne Arzt. Urania 1996

*Berger, Karola:* Co-Counseln. Die Therapie ohne Therapeut. Rowohlt 1996

*Bischof, Marco:* Biophotonen, das Licht in unseren Zellen. Zweitausendeins 1985

*Dalla Via, Gudrun:* Phänomen Wasser. vgs–Verlag 1997

*Gärtner, Brigitte:* Wenn Räume erwachen. Wildpferd Verlag 1997

*Gerstung, Wilhelm/Melhase, Jens:* Das große Feng Shui Gesundheitsbuch. Wildpferd Verlag 1997

*Linn, Denise:* Die Magie des Wohnens. Goldmann 1996

*Meyer, Hermann/Sator, Günther:* Besser leben mit Feng Shui. Hugendubel 1997

*Nossak, Bernd:* Feng Shui für Gesundheit und Erfolg. Urania Verlag 1997

*Kraaz v. Rohr, Ingrid:* Praktischer Leitfaden Feng Shui. Nymphenburger Verlag 1996

*Lam Kam Chuen:* Das Feng Shui Handbuch. Joy Verlag 1998

*Oslsla, W./Kogoj, T./Mitschka, K.:* Ihr chinesisches Horoskop. Orac Verlag 1997

*Popp, Fritz A.:* Biologie des Lichts. Verlag Grundlagen und Praxis o. J.

*Rossbach, Sarah/Lin Yun:* Feng Shui. Farbe und Raumgestaltung. Droemer Knaur 1996

*Sator, Günther:* Feng Shui für jeden Garten. Gräfe u. Unzer 1998

*Sator, Günther:* Feng Shui. Leben und Wohnen in Harmonie. Gräfe u. Unzer 1997

*Scheiner, J.A.P./Bradley, C.M.:* Feng Shui als Spiegelbild. mvg–Papebacher 1997

*Shurety, Sarah:* Feng Shui. Harmonie im ganzen Haus. DuMont 1997

*Simons, Raphael:* Feng Shui mit System. Droemer Knaur 1997

*Spear, W.:* Die Kunst des Feng Shui. Droemer Knaur 1996

*Temelie, B./Trebuth, B.:* Das Fünf Elemente Kochbuch. Joy Verlag 1996

*Tin, Li Pak/Yeap, Helen:* Feng Shui einfach gemacht. Droemer Knaur 1996

*Too, Lillian:* Das große Buch des Feng Shui. Delphi Verlag 1997

*Walters, D.:* Das Feng Shui Praxisbuch. Scherz Verlag 1996

*Wolverton, B.C.:* Gesünder leben mit Zimmerpflanzen. vgs–Verlag 1997

## Über die Autorin

*Karola Berger* ist Pädagogin und Psychologin. Nach zwölf Jahren Schuldienst und vier Jahren in der Lehrerbildung arbeitet sie als Lektorin und in der Erwachsenenbildung. Ihr Interesse gilt fernöstlichen Kulturen und Fragen der Innenarchitektur; sie hat sich ausgiebig mit Feng Shui befasst und bietet Wohnraum- und Bürogestaltungsberatung an.

## Anmerkung der Redaktion

Diesem Buch liegt die im Juli 1996 in Wien beschlossene und seit 1. 8. 1998 verbindliche Neuregelung der deutschen Rechtschreibung zu Grunde.

## Hinweis

Das vorliegende Buch ist sorgfältig erarbeitet worden. Dennoch erfolgen alle Angaben ohne Gewähr. Weder Autorin noch Verlag können für eventuelle Schäden, die aus den im Buch gemachten Hinweisen resultieren, eine Haftung übernehmen.

## Bildnachweis

Bilderberg, Hamburg: 112 (Eberhard Grames); Mauritius, Mittenwald: 42 (Dr. Reisel); The Image Bank, München: 38 (Charles Mahaux); Tony Stone, München: 10 (Brigitte Merle), 80 (Tim Thompson); Transglobe, Hamburg: 64 (Paul Spierenburg), 136 (N.N.); Ulrich Kerth, München: 63

## Impressum

© 1998 W. Ludwig Buchverlag GmbH in der
Verlagshaus Goethestraße GmbH & Co.KG, München
Alle Rechte vorbehalten. Nachdruck – auch auszugsweise –
nur mit Genehmigung des Verlags.

Redaktion: Thomas May
Projektleitung: Berit Hoffmann
Redaktionsleitung: Dr. Reinhard Pietsch
Illustrationen: Roger Kausch, Beate Brömse
DTP-Produktion: Klaus-Manuel Rehfeld
Umschlag: Hempel/Langkau, München
Produktion: Manfred Metzger

Gedruckt auf chlor- und säurearmem Papier
Printed in Germany

ISBN 3-7787-3701-5

# Register